글 옥효진

부산교육대학교 초등교육과를 졸업하고 2011년부터 부산에서 초등학교 교사로 근무하고 있습니다. 생활에 꼭 필요한 금융 지식을 학교에서 가르쳤으면 좋겠다는 생각으로 '학급 화폐'를 통한 금융 교육을 시작했고, 이를 소개하는 유튜브 채널 〈세금 내는 아이들〉을 운영하고 있습니다. 이 활동으로 2019년 대한민국 경제교육대상 대한상공회의소장상, 2020년 대한민국 경제교육대상 경제교육단체협의회 회장상, 2021년 부총리 겸 기획재정부장관 표창장, 2022 교보교육대상 미래교육콘텐츠 부문 대상, 2022년 제7회 금융의 날 대통령표창을 수상했습니다. 지은 책으로 《세금 내는 아이들》《법 만드는 아이들》《나도 세금 내는 아이가 될래요!》《법 만드는 아이들》과 〈세금 내는 아이들의 생생 경제 교실〉〈혼공 도사 나대로〉 시리즈 등이 있습니다.

그림 나인완

귀여운 꿀꿀 돼지, '호로로'를 그리는 일러스트레이터입니다. 다양한 애니메이션과 만화, 일러스트, 이모티콘 작업을 하면서 종종 크고 작은 전시회도 열고, 귀여운 굿즈도 꾸준히 만들고 있습니다. 쓰거나 그린 책으로는 《꿀꿀돼지 호로로》《마구로센세의 일본어 메뉴판 마스터》《우리 같이 착한 소비》《개가짜 뉴스》《내 맘대로 몸만들기 체육관》《초등과학Q6 유전과 혈액》《한 컷 초등 사회 사전》《무사히 1학년》《찾았다! 호로로의 숨은그림찾기 세계여행》과 〈과학 개념 연구소〉 시리즈 등이 있습니다.

옥효진 선생님의
경제 개념 사전

글 옥효진
그림 나인완

다산어린이

작가의 말

'경제'라는 새 친구를 사귀어 볼래요?

　나와 가장 친한 친구를 떠올려 보세요. 누가 떠오르나요? 몇 명이나 떠오르나요? 여러분은 머릿속에 떠오른 그 친구들을 좋아하나요? 그렇다면 그 친구에 대해 알고 있는 것들을 이야기해 볼까요? 아마 여러분은 친구의 취미, 친구가 자주하는 말, 친구의 부모님까지도 잘 알고 있을 거예요. 하지만 처음 만나는 순간부터 그 친구와 친하진 않았을 거예요. 아마도 친해지기 위해 서로 노력을 했겠죠? 친구에게 여러 질문도 던지며 많은 대화를 했을 거예요. 어디에 살고 있는지, 좋아하는 음식은 무엇인지, 또 시간이 생겼을 때는 무엇을 하며 지내는지 말이죠. 이런 과정과 시간을 겪으며 서로 돈독한 친구가 되었을 테지요.

　이번에는 돈을 한 번 떠올려 보세요. 어떤 것들이 떠오르나요? 돈을 떠올리면 기분은 어떤가요? 여러분은 돈을 좋아하나요? 아마 대부분의 친구들이 돈을 좋아할 거예요. 우리가 생활하는 데 꼭 필요한 것 중 하나니까요. 부모님께 용돈을 받으면 기분이 좋아지지요. 돈으로 많은 것들을 할 수 있거든요. 이제 좋든 싫든 '돈'은 우리와 항상 함께해야 할 친구라는 사실을 알고 있나요? 그렇다면 여러분은 평생을 함께하게 될 이 돈이라는 친구와 친하다고 자신 있게 말할 수 있나요? 여러분은 돈이라는 친구에 대해 얼마나 알고 있나요? 만약 돈에 대해 잘 알고 있지 않다면, 돈과 친하다고 이야기하기는 어렵겠죠. 아마 이 책을 읽고 있는 친구들 중에 돈을 좋아하긴 하지만 돈과 친하다고 선뜻 이야기하지 못하는 친구들이 많을 거예요. 하지만 괜찮아요. 지금부터 조금씩 돈과 친해지면 되거든요. 여러분이 친구들을 사귈 때처럼, 돈이라는 친구와 친해지려면 노력이 필요하답니다.

　먼저 돈과 친해지려면 '경제'에 대해 잘 알고 있어야 해요. 경제는 돈과 아주 가까운 사이거든요. 경제란 돈을 벌고, 쓰고, 나누는 모든 활동을 뜻하는 말이에요. 사람들이 돈을 가지고 하는 생산, 소비, 분배 활동이 모두 경제 활동인 것이죠. 그리고 여러분이 과자를 사 먹는 것, 부모님이 일을 하고 돈을 버는 것, 나라에 세금을 내는 것, 은행에 저축을 하는 것, 주식에 투자를 하는 것 등이 모두 경제 활동이에요. 이렇듯 경제는 우리 주변 어디를 둘러보더라도 만날 수 있죠. 사실 경제과 관련 없는 것을 찾는 게 더 힘들지도 몰라요.

하지만 경제라는 녀석은 어쩐지 가까이하기에 너무 어려운 친구 같아요. 쓰는 말도 어렵고, 어린이들보다는 어른들과 잘 어울리는 것 같고, 수학을 잘하는 친구만 좋아할 것 같거든요. 하지만 겉모습만 보고 경제를 판단하지는 마세요. 조금만 이야기를 나누어 보면 경제라는 친구는 우리 주변에 늘 있었으며, 생각보다 재미있고, 또 곁에 있으면 많은 도움이 되는 친구라는 것을 알게 될 거예요. 그리고 경제는 여러분과 항상 친해지고 싶어 한다는 사실도 알게 될 거예요.

이 책은 경제라는 친구가 여러분과 친해지고 싶어서 재잘재잘 들려주는 이야기를 담은 책이에요. 아마 처음에는 경제와 서먹서먹할지도 몰라요. 하지만 하루, 이틀 이런 식으로 매일 경제의 이야기를 듣고 내 이야기도 들려주며 조금씩 가까워지는 건 어떨까요? 경제란 녀석은 아주 재미있는 이야기들을 많이 알고 있거든요.

여러분은 지금부터 경제가 들려주는 100가지 이야기를 듣게 될 거예요. 100이라는 숫자는 많다면 많고, 적다면 적은 숫자일 수도 있겠죠. 선생님이 이 책의 100가지 이야기를 쓰며 바라던 것이 있어요. 이 책을 통해 경제와 이미 친했던 친구들은 더욱더 막역한 사이가 되기를, 경제와 서먹서먹했던 친구들은 좀 더 친근한 사이가 되기를, 그동안 경제를 잘 몰랐던 친구는 새로운 친구를 사귈 수 있는 기회가 되었으면 좋겠어요. 그리고 앞으로 경제가 여러분의 둘도 없는 평생의 친구가 되기를요. 더 나아가 주변 친구들에게 경제라는 친구를 자신 있게 소개시켜 줄 수 있는 친구들이 많아지길 바랄게요!

옥효진 선생님

차례

작가의 말 4
등장인물 10
경제 개념 사전 활용법 11

1장 쏙쏙 경제 기초 원리

경제 14
자유 시장 경제 16
경제의 3주체 18
화폐 20
소득 22
소비 24
기회비용 26
희소성 28
수요와 공급 30
시장 32
인플레이션과 디플레이션 .. 34
화폐 가치 36
이스털린의 역설 38

2장 다양한 금융 기관

은행 42
예대 마진 44
중앙은행 46
금리 48
통화량 50
저축 52
저축의 종류 54
단리와 복리 56
주택 청약 통장 58
대출 60
신용 점수 62
대출의 종류 64
신용 카드와 체크 카드 66

3장	돈 관리하는 방법

- 가계부 70
- 투자 72
- 다양한 투자처 74
- 주식회사 76
- 주식 78
- 재무제표 80
- 우량주와 유망주 82
- 펀드 84
- 재무 설계사 86
- 보험 88
- 보험의 종류 90

4장	기업가 정신

- CEO 94
- 다국적 기업 96
- 스타트업 98
- 독과점 100
- AS와 리콜 102
- 사회적 기업 104
- 인수 합병 106
- 마케팅 108

5장 국가와 돈

- 세금 112
- 세금의 종류 114
- 시대에 따라 달라지는 세금 116
- 부가 가치세 118
- 세금을 걷는 방법 120
- 연말 정산 122
- 관세 124
- FTA 126
- 사회 보험 128
- 국내 총생산 130
- 기획 재정부 132

6장 생활 속 경제

- 예금자 보호 제도 136
- 최저 임금 제도 138
- 소비자 기본법 140
- 금융 실명제 142
- 보이스 피싱과 스미싱 144
- 대리 입금 146
- 폐기 화폐 148
- 위조 화폐 150
- 환율 152
- 환율 변동 154
- IMF 외환 위기 156
- 산업 혁명 158

7장 재미있는 경제 용어

흑자와 적자	162
블루 오션과 레드 오션	164
한계 효용 체감의 법칙	166
비교 우위	168
슈링크플레이션	170
엥겔 계수	172
공유 경제	174
펭귄 효과	176
베블런 효과	178
YOLO와 무지출 챌린지	180

8장 더 알고 싶어요! 경제 개념

부동산
부동산 매매 | 전세	184
월세 | 공인 중개사	185
공유 오피스 | 젠트리피케이션	186
신도시 | 부동산 세금	187

주식
주 | 배당금	188
주식의 가격 | 코스피	189
코스닥 | 나스닥	190

가상 화폐
가상 화폐 | 핀테크	191
한국 거래소 | 연방 준비 제도	192
세계 3대 신용 평가 회사 | 금융 감독원	193
인터넷 전문 은행 | 제3 금융권	194

등장인물

급훈: 현명한 소비

옥 쌤
탄이와 솔이의 담임 선생님으로 반 아이들에게 경제를 쉽고 재미있게 알려 주는 것이 목표이다.

김 탄
반을 대표하는 소비 요정. 돈을 충동적으로 써서 솔이가 자주 한심해한다. 엉뚱함이 매력!

박 솔
타고난 절제력이 있는 짠순이. 특기는 저축. 똑 부러지는 경제관을 가졌다.

냥
솔이의 반려 고양이. 무심한 듯 시크하다.

멍
탄이의 반려 강아지. 탄이의 행동에 늘 관심이 많다.

경제 개념 사전 활용법

1단계 한눈에 보이는 개념어로 시작해요!

2단계 재미있는 만화로 상황을 통해 개념과 조금 더 친숙해져요!

3단계 정확한 뜻풀이로 개념을 확실히 다져요!

4단계 친절한 설명과 귀여운 그림으로 개념을 재미있게 배워요!

5단계 옥효진 선생님이 들려주는 개념어와 관련된 재미있는 일화를 읽어요!

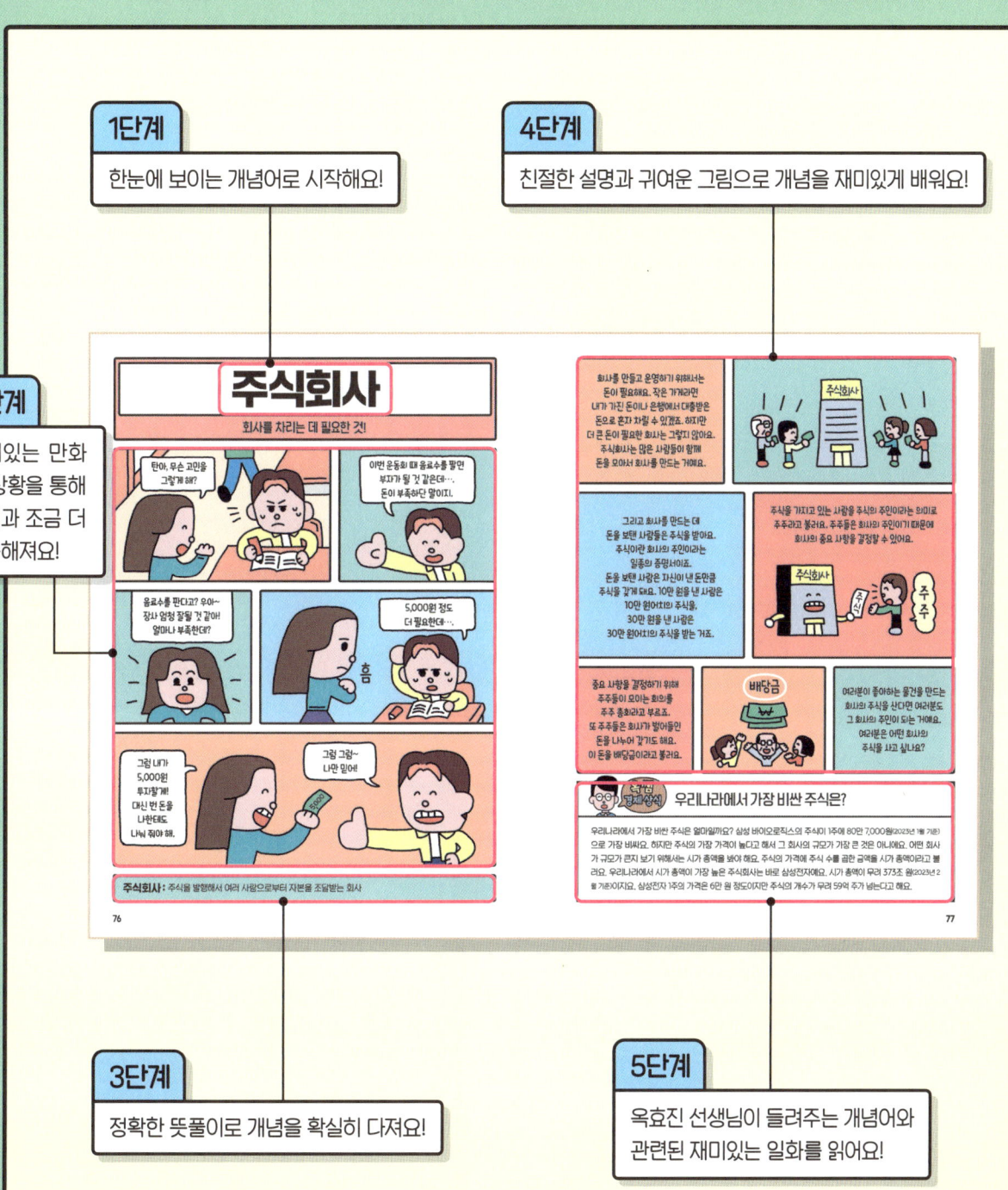

교과 연계

3학년 도덕	04. 아껴 쓰는 우리
3학년 2학기 사회	02. 시대마다 다른 삶의 모습
4학년 2학기 사회	02. 필요한 것의 생산과 교환
5학년 2학기 사회	01. 옛사람들의 삶과 문화
6학년 1학기 사회	02. 우리나라의 경제 발전

쏙쏙 경제 기초 원리

1장

경제 | 자유 시장 경제 | 경제의 3주체 | 화폐 | 소득 | 소비 | 기회비용 | 희소성 | 수요와 공급 | 시장 | 인플레이션과 디플레이션 | 화폐 가치 | 이스털린의 역설

어른들은 경제를 꼭 알아야 한다고 하는데 도대체 우리는 경제를 왜 알아야 할까요? 일상생활은 경제 활동의 연속이라고 할 수 있어요. 그렇다면 여러분이 하고 있는 경제 활동이 어떤 원리로 돌아가고 있는지 알고 싶지 않나요? 경제의 기초 원리를 이루는 개념들을 알면 경제가 좀 더 친숙해질 거예요.

경제

생활에 필요한 것을 만들고, 사용하고, 나눠요!

경제 : 인간의 생활에 필요한 재화나 서비스를 생산·분배·소비하는 모든 활동

우리가 생활하기 위해 필요한 것들은 너무나 많아요. 이렇게 생활 속에서 우리가 원하는 것을 만족시키는 물건을 어려운 말로 '재화'라고 해요.

물건이 아니라서 만질 수는 없지만 우리 삶에 꼭 필요한 용역(서비스)이라는 것도 있어요. 선생님이 여러분에게 수업을 하는 것, 맛있는 음식을 집까지 배달하는 것, 병원에서 의사 선생님이 우리를 진료해 주는 것 모두 용역이라고 할 수 있죠.

우리 생활에 필요한 재화와 용역을 만들고(생산) 사용하고(소비) 나누는(분배) 모든 것을 '경제'라고 해요. 예를 들어 농부가 신선한 농산물을 생산하면 우리가 그것을 구매하지요. 그리고 우리가 맛있는 과일과 채소를 살 수 있는 것은 일을 하는 대가로 임금을 분배받았기 때문이랍니다. 이처럼 생산, 소비, 분배하는 과정에서 일어나는 모든 일을 경제 활동이라고 하지요. 그리고 경제 활동을 하는 주체는 크게 가계, 기업, 정부가 있답니다.

자유 시장 경제

우리나라 경제는 어떤 특징이 있을까?

자유 시장 경제 : 분업으로 생산된 재화와 용역을 수요와 공급 관계에 따라 분배하는 시장

여러분이 살고 있는 대한민국의 경제는 자유와 경쟁이라는 특징을 갖고 있어요.

먼저 여러분은 경제 활동을 자유롭게 할 수 있어요. 원하는 직업을 선택하고 가진 돈을 마음대로 쓸 자유가 있지요.

기업에서는 어떤 물건을 만들지 그리고 어떻게 판매할지 정할 자유가 있고요.

하지만 자유에는 경쟁이 짝꿍처럼 붙어 다녀요. 여러분이 원하는 직업을 얻으려면 다른 사람들과 경쟁해야 하죠.

또 희소성이 높은 물건을 살 때는 물건을 갖고 싶어 하는 사람들과 경쟁해야 할 수도 있어요.

기업들도 다른 기업보다 상품을 더 많이 팔기 위해 더 질 좋거나 더 저렴한 상품을 만들며 경쟁하고 있죠. 그리고 소비자는 합리적으로 제품을 구매할 자유가 있고요.

 ## 나라에서 자유와 경쟁을 제한하기도 한다?

우리나라 경제는 자유와 경쟁을 바탕으로 움직이지만 지나치면 문제가 생길 수도 있어요. 기업이 자유를 앞세워 사람에게 해로운 물건을 만들 경우 국민의 건강과 생명이 위협받을 수 있죠. 이윤만 추구하느라 싸고 질 낮은 재료를 써서도 안 될 거예요. 그리고 지나친 경쟁 때문에 망하는 기업이 생기기도 해요. 이 경우 그 기업의 직원뿐만 아니라 국가 경제가 피해를 입을 수 있죠. 그래서 나라에서 자유와 경쟁을 제한하기도 해요. 코로나19로 인해 마스크가 부족해지자 나라에서 한 사람이 한 번에 살 수 있는 마스크의 개수를 제한한 것이 그 예이지요.

경제의 3주체

우리가 없으면 경제가 돌아가지 않아!

경제의 3주체 : 가계·기업·정부로, 자기 의지와 판단으로 경제 활동을 해 나가는 주체

우리 삶에서 꼭 필요한 경제를 돌아가게 하는 주인공은 누구일까요? 바로 가계, 기업, 정부예요. 이 세 주인공을 어려운 말로 '경제의 3주체'라고 부릅니다.

가계는 쉽게 말해 소비 활동을 하는 가정이에요. 기업은 이윤을 얻을 목적으로 만들어진 집단, 정부는 우리나라의 살림을 꾸리는 곳이지요.

아래 그림을 보며 더 자세히 알아볼까요?

화폐

내가 가진 물건의 가치를 어떻게 설명할까?

화폐 : 상품 교환 가치의 척도이자 지불 수단

재화나 용역을 사기 위해 꼭 필요한 게 있어요. 바로 화폐예요. 화폐는 우리가 사려고 하는 상품의 가치를 나타내요. 그리고 상품을 얻을 수 있는 수단이 되지요.

옛날에는 물물 교환 방법으로 물건을 얻었어요.

우리 바꾸자!

하지만 물물 교환은 단점이 있었지요.

제때 못 팔았더니 다 썩어 버렸어!

그래서 무게가 가볍고 금방 썩지 않는 조개나 동물의 가죽, 옷감 등을 화폐로 활용하기 시작했어요. 이후에는 금으로 만든 금화나 은으로 만든 은화를 사용했죠.

조개 가죽 옷감

점차 기술이 발달하면서 지금은 구리와 같은 가벼운 금속으로 만든 동전과 종이로 만든 지폐를 사용하고 있지요. 만약 화폐가 없어서 지금도 물물 교환을 한다면 여러분은 무거운 쌀을 들고 다녀야 할 거예요!

책
여기 책값이요~

동전과 지폐 외에도 물건을 살 수 있는 화폐가 있어요. 바로 전자 화폐예요. 신용 카드, 계좌 이체, 스마트폰의 애플리케이션 결제 등이 물질적 형태가 없는 전자 화폐랍니다.

애플리케이션
신용 카드

한 조사에서 우리나라의 현금 사용 비율이 14퍼센트밖에 되지 않는다는 결과가 나왔어요. 신용 카드를 사용하거나 스마트폰 결제 시스템과 같은 전자 화폐로 계산하는 경우가 많아지면서 사람들이 동전과 지폐를 사용하는 일이 많이 줄었기 때문이에요.

나 현금!

현금 사용 비율
중국 40%
일본 82%
한국 14%

출처 : Cash Essentials (2018년 기준)

이웃 나라 중국의 현금 사용 비율이 40퍼센트, 일본이 82퍼센트인 것과 비교하면 매우 낮은 비율이지요. 우리나라는 전 세계에서 현금, 즉 동전과 지폐를 가장 적게 사용하고 있어요.

소득

원하는 것을 사거나 좋아하는 가수의 콘서트에 가려면?

소득: 사람들이 일을 하거나 가지고 있는 재산을 활용해 얻게 되는 돈

 **옥쌤 경제상식** 우리나라 사람들은 소득을 얼마나 얻고 있을까?

우리나라 사람들은 얼마 정도의 소득을 얻고 있을까요? 한국은행에서는 2021년 우리나라의 개인, 기업, 정부가 한 해 동안 벌어들인 소득을 모두 합해서 우리나라 국민 수로 나누어 보았어요. 이렇게 계산한 2021년 1인당 국민 소득은 3만 5,168달러였어요. 우리나라 돈으로 계산하면 4,024만 7,000원 정도 되죠. 우리나라 사람들은 평균적으로 1년에 4,024만 원 정도 벌고 있다는 이야기예요. 어때요? 여러분이 생각한 금액보다 많은가요, 아니면 적은가요?

소비

돈을 쓸 때는 신중해야 해요!

소비: 욕망을 충족하기 위하여 재화나 용역을 소모하는 일

우리가 생활을 하는 데 필요한 재화나 용역을 얻기 위해 돈을 쓰는 일을 소비라고 해요.

우리가 먹고 자고 공부를 하는 등 일상을 이어 가려면 반드시 소비가 필요하지요.

하지만 조심해야 하는 소비도 있어요. 바로 과시 소비, 모방 소비, 충동 소비랍니다.

먼저, 과시 소비는 다른 사람에게 자랑하고 싶어서 하는 소비예요. 나에게 필요한 것도 아닌데 다른 사람에게 뽐내려고 물건을 샀다면 과시 소비를 한 거예요.

두 번째 조심해야 할 소비는 모방 소비예요. 다른 사람이 소비한 것을 보고 따라서 소비를 하는 것이죠. 친구가 갖고 있는 머리띠가 예뻐 보여서 같은 걸 사거나 TV 속 연예인이 사용하는 물건을 따라 사는 것을 모방 소비라고 해요.

세 번째는 충동 소비예요. 고민 없이 한순간에 사고 싶은 마음이 들어 소비를 해 버렸다면 충동 소비를 한 것이에요.

 ## 사람들이 소비를 하지 않는다면?

만약 모든 사람이 소비를 적게 한다면 어떤 일이 생길까요? 소비가 줄어들면 가게들은 장사가 잘되지 않을 거예요. 그럼 가게가 망하거나 일자리를 잃는 사람들이 생기겠죠? 일자리를 잃은 사람들은 돈이 없어 다시 소비를 줄이게 되고 소비가 더 줄어드니 가게에서는 물건이 더 팔리지 않겠지요. 그렇게 되면 결국 나라의 경제가 잘 돌아가지 않을 거예요. 그러니 무작정 소비를 하지 않는 것보다는 나에게 정말 필요한지 충분히 고민하고 비용을 지불하는, 합리적 소비를 하는 자세가 가장 중요해요!

기회비용

다 갖고 싶은데… 어쩌지?

기회비용 : 여러 대안 중 하나의 대안을 선택할 때 선택하지 않은 대안들 중 가장 좋은 것, 즉 차선의 가치

생각해 보면 우리는 매일 선택을 하며 살아갑니다. 점심으로 뭘 먹을지, 친구와 뭐 하고 놀지…. 일상은 선택의 연속이에요. 경제 개념에도 선택에 관한 중요한 용어가 있어요.

2,000원을 가지고 마트에 간다고 생각해 봅시다. 여러분이 좋아하는 감자 과자와 새우 과자가 있어요. 두 과자를 모두 사면 좋겠지만 둘 다 2,000원이라면 둘 중 하나만 선택해야 하지요.

만약 여러분이 2,000원으로 새우 과자를 사 먹기로 해서 감자 과자를 사 먹지 못했다면 이때 기회비용은 감자 과자가 되는 거예요.

기회비용은 무엇인가를 선택했을 때 포기하는 것들 중에 가장 큰 가치를 갖는 것을 의미해요. 그렇다면 기회비용은 왜 생기는 걸까요?

사람들의 무한한 욕망과 반대로 재화나 돈 등은 한정되어 있기 때문이에요.

갖고 싶은 걸 다 가질 수 있다면 좋겠지만 현실적으로 그건 불가능해요. 그러므로 무엇인가를 선택할 때는 기회비용이 가장 적은 쪽을 선택하는 것이 바람직해요. 같은 과자라도 사람마다 느끼는 만족감은 다르니까요!

여러분은 어떤 과자를 선택해야 가장 만족스럽나요? 물론 매번 후회 없는 최고의 선택을 하기가 쉽지 않을 거예요.

그래도 후회가 가장 적은 최선의 선택을 하려면 기회비용을 정확히 이해하고 잘 고려해야겠지요!

희소성

모든 사람이 원하는 것을 가질 수는 없어요!

희소성: 어떤 재화나 서비스를 갖고 싶어 하는 사람들의 욕망에 비해 재화나 서비스가 부족한 상태

모든 사람이 원하는 모든 것을 마음대로 얻으면서 살아가면 좋겠지만 그럴 수는 없어요. 그 이유는 바로 희소성 때문이죠. 희소성은 인간이 원하는 것에 비해서 물건이나 서비스의 양이 부족한 상태를 의미해요.

남아 있는 케이크는 두 조각뿐이지만 케이크를 먹고 싶은 사람은 네 명이기 때문에 케이크의 희소성이 높다고 이야기할 수 있어요. 반면 과일은 많이 남아 있지만 원하는 사람이 적으니 희소성이 낮지요.

보통 희소성이 높은 물건은 가격이 매우 높아요. 개수가 정해진 한정판 신발이나 다이아몬드 같은 보석이 그렇지요.

반면 희소성이 낮은 물건은 가격이 낮답니다. 바로 이런 경우예요.

세월이 흐르면서 상황에 따라 희소성이 달라진 것들도 있어요.

하지만 환경 오염이 심해지면서 깨끗한 물의 희소성이 높아지기 시작했어요. 그래서 현대인들은 돈을 주고 깨끗한 생수를 사 먹지요.

만약 사막에서 며칠 동안 물을 마시지 못한다면 사람들은 얼마를 주더라도 물을 사 먹으려 할 거예요. 물의 희소성이 엄청나게 높아지는 상황인 거죠.

이처럼 같은 물건이라도 때와 장소에 따라서 희소성이 달라지기도 한답니다. 지금은 누구나 돈을 내지 않고 마음껏 숨을 쉬는 공기도 희소성이 높아진다면 돈을 주고 사야 하는 날이 올 수도 있겠지요.

수요와 공급

물건의 가격은 어떻게 정하나요?

수요: 재화나 용역을 일정한 가격에 구입하고자 하는 것
공급: 일정한 가격에 팔기 위해 재화나 용역을 시장에 제공하는 일

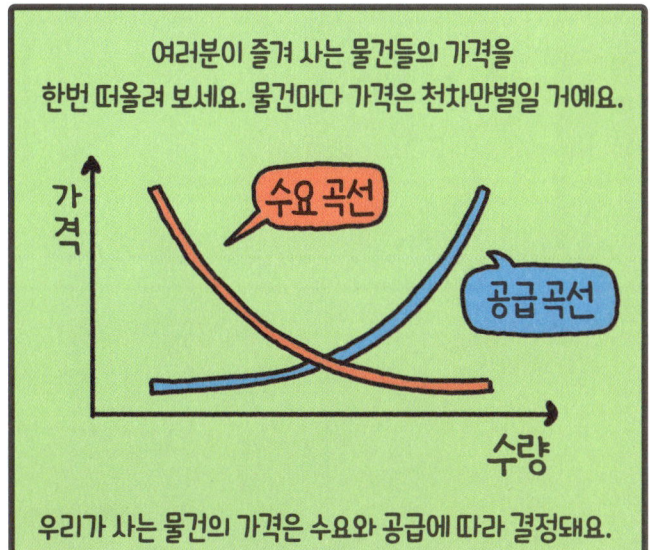

그러니까 탄이와 엄마가 본 뉴스에서는 태풍으로 농사가 잘 안되자 배추의 공급이 줄어들어 배춧값이 높아졌다는 이야기를 하고 있는 것이랍니다.

 **가격을 올렸는데도 사려고 하는 사람이 많아진다?**

보통 가격이 낮아지면 수요가 늘어나고 가격이 높아지면 수요가 줄어들어요. 당연한 이야기겠죠? 3,000원짜리 초콜릿이 만 원이 된다면 여러분도 사 먹으려는 마음이 줄어들 테니까요. 그런데 가격이 열 배나 높아졌는데 사려는 사람이 오히려 많아진 일이 있었어요.

한 백화점에서 30만 원짜리 코트를 팔고 있었어요. 그런데 왜인지 그 코트를 사려는 사람이 없었죠. 공간만 차지하느니 코트를 얼른 팔아 버리는 게 좋겠다고 생각한 백화점에서는 30만 원에서 0을 하나 빼고 3만 원에 팔기로 결정했죠. 그런데 직원이 실수로 가격에서 0을 빼는 대신 0을 하나 더 붙이고 말았어요. 30만 원짜리 코트가 300만 원이 된 거죠. 그런데 신기하게도 그다음 날 코트가 바로 팔렸다고 해요. 코트의 가격이 비싸지니 오히려 사려는 사람이 생긴 거예요. 혹시 과시 소비의 영향은 아니었을까요?

시장

재화와 서비스는 어디서 사고팔까?

시장 : 상품으로서의 재화와 서비스의 거래가 이루어지는 모든 곳

기업에서는 다양한 재화와 서비스를 만들어요. 그리고 가계에서 이 재화와 서비스를 소비하지요. 그렇다면 가계와 기업은 어디에서 재화와 서비스를 사고팔까요? 기업에서 만든 재화와 서비스를 거래하는 곳을 시장이라고 해요.

솔이도 그래서 장바구니를 준비한 것이겠죠? 하지만 시장의 종류는 엄청나게 다양하답니다.

백화점이나 대형 마트도 가게와 기업이 만나 거래하는 곳이기 때문에 시장이라고 할 수 있어요.

이렇게 눈에 보이는 물건뿐만 아니라 주식을 사고파는 주식 시장, 땅과 주택을 사고파는 부동산 시장, 외국의 돈을 사고파는 외환 시장 등 우리 주변에는 다양한 시장이 있어요.

주식 시장   부동산 시장   외환 시장

재화나 서비스를 만들 때 필요한 사람의 노동력을 사고파는 시장도 있어요. 공장에서 물건을 대량으로 생산하거나 건설사에서 새 아파트를 지을 때도 노동력이 필요하지요?

이 노동력을 사고파는 시장을 인력 시장이라고 해요. 기업에서는 노동력을 제공할 사람을 찾고, 노동력이 있는 사람은 기업에 자신의 노동력을 제공한 대가로 돈을 받는 거래가 일어나는 곳이랍니다.

제발 일자리 좀…

인플레이션과 디플레이션

좋아하는 치킨의 가격이 점점 오른다?

인플레이션: 물가가 지속적으로 오르는 현상
디플레이션: 물가가 지속적으로 내려가는 현상

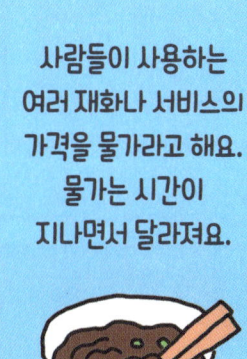

사람들이 사용하는 여러 재화나 서비스의 가격을 물가라고 해요. 물가는 시간이 지나면서 달라져요.

↳ 자장면

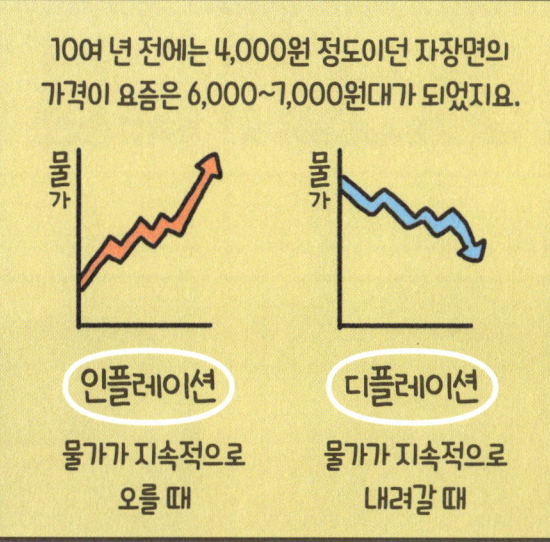

10여 년 전에는 4,000원 정도이던 자장면의 가격이 요즘은 6,000~7,000원대가 되었지요.

인플레이션 물가가 지속적으로 오를 때

디플레이션 물가가 지속적으로 내려갈 때

경제가 발전하고 시간이 흐르면서 물건의 가격이 조금씩 오르는 것은 자연스러운 현상이에요.

인플레이션이 일어나는 이유는 여러 가지예요.

물건 구매자 증가

제작비 상승으로 가격을 올릴 거예요!

제작 비용 상승

오늘 석유값이 급상승···

원자재 비용 상승

월급을 더 올려 달라고 하자!

그래!

인건비 상승

옥쌤 경제상식 | 독일에서 일어난 사상 최악의 인플레이션

인플레이션은 자연스러운 일이지만 물가가 비정상적으로 높아지면 문제가 생기겠죠? 역사상 가장 심각한 인플레이션은 1920년대 독일에서 일어났어요. 이때 독일에서는 물가가 한 달만에 300퍼센트나 올랐어요. 예를 들면 1,000원짜리 빵은 한 달 만에 4,000원이 되고, 만 원짜리 치킨은 한 달 만에 4만 원으로 가격이 올랐다는 이야기죠. 그리고 다시 한 달 뒤 4,000원짜리 빵은 1만 6,000원이 되고 4만 원짜리 치킨은 16만 원이 되었어요. 이렇게 물가가 1개월마다 50퍼센트 이상 오르는 현상을 초인플레이션이라고 한답니다.

화폐 가치

지금의 1,000원과 과거의 1,000원은 다르다?

화폐 가치 : 화폐로 구입할 수 있는 재화와 서비스의 양

물가 상승은 우리 생활에 많은 영향을 미쳐요. 물가가 오르면 특히 화폐의 가치가 낮아지죠. 여러분이 일주일 용돈으로 5,000원을 받아 과자를 사 먹는다고 생각해 보세요. 만약 과자 한 봉지의 가격이 2,500원이라면 5,000원으로 두 봉지를 사 먹을 수 있겠지요.

하지만 과자의 가격이 3,000원으로 오르면 똑같은 5,000원을 가지고도 한 봉지밖에 사 먹지 못하게 돼요. 그만큼 5,000원이라는 화폐의 가치가 낮아진 거예요. 이렇게 되면 똑같이 용돈 5,000원을 받더라도 용돈을 적게 받는 느낌이 들 거예요. 이제는 6,000원을 받아야 이전과 같은 용돈을 받는다는 생각이 들겠죠.

반대로 과자의 가격이 1,000원으로 낮아진다면 5,000원은 과자 다섯 봉지를 살 수 있는 돈이 되겠죠? 이럴 때는 화폐의 가치가 높아지는 것이랍니다.

 ## 월급을 더 많이 받아도 적게 받는 기분이 든다면?

많은 사람들이 일을 하고 월급을 받으며 생활해요. 그리고 월급은 매년 조금씩 오르죠. 월급이 올라가니 돈을 더 많이 버는 것 같지만 물가가 얼마나 오르는지도 생각해야 해요. 월급이 200만 원에서 400만 원으로 두 배 올랐지만 물가가 네 배 올랐다면 어떨까요? 실제로 받는 돈의 액수는 늘더라도 그보다 물가가 더 올랐기 때문에 내가 받는 돈의 가치는 더 낮아지겠지요. 비록 월급은 두 배 올랐지만 예전보다 돈을 쓰기가 더 힘들 거예요. 우리는 이럴 때 실질 임금이 줄었다고 이야기해요.

이스털린의 역설

돈이 많으면 행복하기만 할까?

이스털린의 역설 : 소득이 일정 수준을 넘어 기본 욕구가 충족되면 소득이 증가해도 행복은 더 이상 증가하지 않는다는 이론

사람들은 보통 돈이 많으면 행복할 것이라고 생각해요. 돈이 많으면 사고 싶은 것도 다 살 수 있고 하고 싶은 것도 다 할 수 있으니까요. 그렇다면 정말 돈이 많으면 사람들이 마냥 행복해질까요?

돈방석이다!

미국의 경제학자 리처드 이스털린은 돈이 많을수록 정말 사람들이 행복한지 궁금했어요. 그래서 소득 수준과 행복도의 관계를 연구했죠.

리처드 이스털린

그 결과, 일정 수준까지는 돈을 많이 벌수록 사람들의 행복도가 높아졌지만 일정 수준 이후에는 돈을 많이 벌어도 행복도가 더 높아지지 않았어요.

행복 / 돈

이 연구 결과를 '이스털린의 역설'이라고 불러요. 역설이란 어떤 주장에 반대되는 이론이에요. 돈이 많으면 무조건 행복할 것이라는 사람들의 생각과 반대되는 연구 결과가 나온 것이죠.

물론 행복을 위해서는 돈도 필요하지만 가족, 우정, 보람, 여유, 꿈과 같은 다른 조건들도 중요하답니다.

신난다!
십년지기!
업무 끝!

옥쌤 경제상식 — 우리나라 사람들은 행복할까?

세계에는 200개 정도의 나라가 있어요. 그렇다면 우리가 살고 있는 대한민국은 세계에서 얼마나 부자일까요? 여러 가지 기준이 있겠지만 나라의 부의 순위를 나타내는 것 중 하나인 GDP(국내 총생산)을 기준으로 했을 때, 우리나라는 세계 10위입니다. 세계에서 열 번째 부자 나라라는 이야기죠. 그렇다면 우리나라 사람들의 행복도는 어떨까요? 매년 발표되는 유엔 행복지수를 보면 2019년 우리나라 사람들의 행복도는 세계 54위라고 해요. 우리나라의 부자 순위랑은 차이가 있죠? 가장 행복한 나라로는 핀란드가 1위를 차지했답니다.

교과 연계

3학년 도덕	04. 아껴 쓰는 우리
4학년 1학기 수학	03. 곱셈과 나눗셈
4학년 1학기 수학	06. 규칙 찾기
4학년 2학기 사회	02. 필요한 것의 생산과 교환
6학년 1학기 수학	04. 비와 비율

2장
다양한 금융 기관

은행 | 예대 마진 | 중앙은행 | 금리 | 통화량 | 저축 | 저축의 종류 | 단리와 복리 | 주택 청약 통장 | 대출 | 신용 점수 | 대출의 종류 | 신용 카드와 체크 카드

경제와 금융을 관리하는 기관은 반드시 필요해요. 대표적으로는 은행이 있지요. 은행은 나라의 경제를 관리해요. 그리고 은행을 잘 이용하면 경제적 이익도 볼 수 있어요. 은행은 어떤 일을 하고, 우리는 은행을 어떻게 이용하는 것이 현명할까요?

은행

은행에서는 어떤 일을 하나요?

은행: 예금을 받고, 대출을 해 주는 금융 기관

돈과 경제에 관련된 일을 하는 중요한 기관 중 하나는 바로 은행이에요. 은행은 어떤 일들을 하고 있을까요? 사람들이 은행을 이용하는 이유는 무엇일까요?

먼저 은행에서는 저금(예금)을 할 수 있어요. 내가 가진 돈을 은행에 맡기는 것이죠. 저금은 계좌에 돈을 넣어 두는 거예요.

사람들은 이자라는 돈을 은행에서 받을 수 있기 때문에 저금을 해요.

저금통에 만 원을 넣어 두면 1년이 지나도 그대로 만 원이지만, 은행에 만 원을 저금해 두면 이자라는 이름으로 돈을 더 받을 수 있어요.

그뿐만 아니라 은행은 우리가 맡긴 돈을 안전하게 보관해 줘요.

은행에는 튼튼한 금고와 경비원이 있기 때문에 돈을 도난당하거나 잃어버릴 일이 적어요.

은행을 이용하면 각종 서비스를 이용할 수 있어요. 필요하면 돈을 빌릴 수도 있고, 부산에서 맡긴 돈을 서울에서 찾을 수도 있지요. 상대방에게 직접 돈을 전달하지 않고도 은행을 통해 돈을 보내는 계좌 이체를 할 수도 있답니다. 언제, 어디에서든지요!

대출

인출

계좌 이체

옥쌤 경제상식 ― 돈 대신 다른 걸 맡기는 은행?

식물이 없어지면 인간은 더 이상 살 수 없어요. 식물이 사라지면 우선 식물을 먹고 사는 초식 동물들이 굶어 죽게 될 테고 그 다음엔 초식 동물을 먹이로 하는 육식 동물들도 굶어 죽겠죠. 결국 인간이 먹을 음식도 없어질 거예요. 그래서 사람들은 식물을 보호하기 위해 씨앗 은행을 만들었어요. 만약 환경 오염이나 기후 변화로 어떤 식물이 멸종하면 씨앗 은행에서 그 식물의 씨앗을 꺼내 심을 수 있어요. 은행이라는 이름처럼 씨앗 은행은 미래를 위해 씨앗을 저축하는 곳이라고 할 수 있겠네요.

예대 마진
은행이 돈을 버는 방법

예대 마진: 은행에서 대출 이자로 얻은 수입과 예금 금리로 나간 지출의 차액으로 얻은 이윤

은행은 예금한 사람들에게 이자라는 돈을 줘요. 튼튼한 금고도 관리하고 은행 직원들에게 월급도 주어야 하죠. 그런데 물건을 팔지 않는 은행에서는 어떻게 은행을 운영하는 데 필요한 돈을 벌까요? 바로 예대 마진으로 돈을 번답니다.

예대 마진이란 예금의 '예', 대출의 '대', 이윤을 뜻하는 영어 단어 '마진(Margin)'을 합한 단어예요.

은행에서 돈을 빌려 간 사람들은 은행에 이자라는 돈을 내지요. 이때 내는 이자가 바로 대출 이자예요. 반대로 은행에 돈을 맡긴 사람도 은행으로부터 이자를 받아요. 이것을 예금 이자라고 해요. 그런데 이때, 은행이 돈을 빌려 간 사람들에게 받는 대출 이자는 은행에 돈을 맡긴 사람들에게 주는 예금 이자보다 높아요.

은행이 100만 원을 예금한 사람에게 이자로 5만 원을 준다면 은행에서 100만 원을 빌려 간 사람에게는 8만 원의 이자를 받는 것이죠.

빌려 간 사람 > 맡긴 사람
이자

대출 이자로 8만 원을 받고 예금 이자로 5만 원을 주었으니 은행은 3만 원을 번 셈이지요. 대출 이자와 예금 이자의 차액인 예대 마진이 곧 은행의 이익이 되는 거예요.

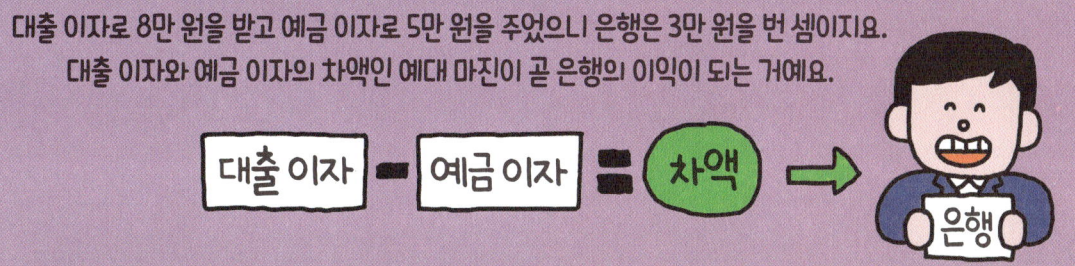

옥쌤 경제상식 — 은행의 탄생

16세기 영국에서는 금으로 만든 금화를 사용했어요. 사람들은 금화를 만드는 금세공 업자에게 금고에 금화를 보관해 달라고 부탁했어요. 금세공 업자는 금화 주인들에게 보관료를 받고 보관증을 나누어 주었어요. 그런데 사람들이 무거운 금화 대신 가벼운 보관증을 돈처럼 사용하기 시작했어요. 자연스레 금고에 있는 금화를 찾으러 오는 사람이 줄어들었죠. 그러자 금세공 업자는 맡은 금화를 다른 사람에게 빌려주고 이자를 받았어요. 이 사실을 알게 된 금화 주인들은 화가 났어요. 내 금화로 금세공 업자가 돈을 벌고 있으니까요. 이때, 금세공 업자가 제안을 하나 했어요. "내가 금화를 빌려주고 받은 이자 중 일부를 여러분에게 나누어 주겠다. 그리고 보관료를 내지 않아도 된다."라고 말이죠. 사람들은 금을 보관하면서 돈을 받을 수 있어서 좋고, 금세공 업자는 예대 마진으로 돈을 벌 수 있어 일석이조였지요. 이렇게 최초의 은행이 탄생했답니다.

중앙은행
은행들의 은행이 있다고요?

중앙은행 : 한 나라의 금융과 통화 정책의 주체가 되는 은행

한국은행은 대한민국의 중앙은행이에요. 중앙은행이란 한 나라의 돈과 관련된 정책을 책임지는 은행이지요. 은행들의 은행이라고 부르기도 하죠. 미국의 '연방 준비은행', 일본의 '일본 은행', 영국의 '잉글랜드 은행' 등이 각 나라의 중앙은행이에요. 중앙은행은 우리가 흔히 이용하는 은행들과는 다른 일을 하고 있어요. 그리고 중앙은행에서는 저금을 할 수 없지요. 그럼 중앙은행에서는 어떤 일들을 할까요?

① 우리나라 돈을 발행해요.

대한민국에서 쓰는 돈은 오직 한국은행에서만 발행할 수 있어요.

② 우리나라에 있는 돈의 양(통화량)을 조절해요.

한국은행에서는 물가를 안정적으로 유지하기 위해 통화량을 조절하고 있어요. 통화량이란 '시중에 유통되는 화폐의 양'을 뜻해요. 통화량은 물건의 가격과 밀접한 관련이 있답니다. 통화량이 많아지면 물가가 올라 인플레이션이 발생하거든요.

③ 은행이나 정부의 돈을 맡아 줘요.

은행이나 정부는 가지고 있는 돈을 중앙은행에 맡겨 두거나 반대로 돈을 빌려 가기도 해요. 중앙은행이 은행의 은행, 정부의 은행이라고 불리는 이유이지요.

한국은행은 은행의 은행, 정부의 은행이기 때문에 개인이 찾아갈 일이 거의 없지만, 드물게 개인이 한국은행을 찾는 경우가 있어요. 명절이나 결혼식처럼 헌 돈보다는 새 돈을 사용해야 하는 경우, 한국은행에 헌 돈을 가지고 가면 새 돈으로 바꾸어 준답니다.

단, 바꿀 수 있는 돈의 액수에 제한이 있어요. 5만 원권은 한 사람당 하루 최대 100만 원까지, 만 원권은 50만 원까지, 5,000원짜리는 50만 원, 1,000원짜리는 20만 원까지 바꿀 수 있죠.

금리

돈에도 가격표가 있어요!

금리 : 빌려준 돈이나 예금 따위에 붙는 이자

돈을 빌려 드리는 값을 받습니다.

금리는 빌려준 돈이나 예금한 돈에 붙는 돈이에요. 이자나 이자율이라는 말로 쓰기도 하죠.

보통은 예금 금리 5퍼센트, 대출 금리 10퍼센트와 같이 '퍼센트(%)' 단위를 사용해 나타낸답니다.

대출 금리가 5퍼센트라면 100만 원을 빌렸을 때 5만 원을 이자로 내야 해요. 만약 100만 원을 빌렸는데 금리가 2퍼센트라면 매년 2만 원의 이자를 내야 한다는 뜻이지요.

은행에 돈을 맡긴 사람들은 예금 금리가 높아야 좋겠죠? 하지만 은행에서 돈을 빌린 사람들은 대출 금리가 낮은 걸 좋아할 거예요.

그래서 금리를 '돈의 가격'이라고 부르기도 해요. 100만 원을 빌려 간 사람이 매년 이자로 2만 원을 낸다면 2만 원은 빌린 100만 원에 대한 가격이 되니까요.

금리는 이렇게 우리 생활에 많은 영향을 주기 때문에 중앙은행에서 하는 중요한 일 중 하나가 바로 이 금리를 조절하는 거예요. 전 세계의 경제 상황을 잘 살펴보며 우리나라 금리의 기준이 되는 '기준 금리'를 조절하는 것이죠.

 이자가 75퍼센트인 나라

우리나라의 기준 금리는 3.5퍼센트(2023년 5월 기준)예요. 간단히 말해, 은행에 100만 원을 저축하면 이자를 3만 5,000원 받을 수 있는 거죠. 그런데 기준 금리가 75퍼센트인 나라가 있어요. 바로 아르헨티나예요. 은행에 100만 원을 저축하면 75만 원의 이자를 주니 저축을 많이 할 것 같지만 실제로는 그렇지 않아요. 높은 인플레이션으로 인해 이자로 붙는 돈보다 물건의 가격이 더 빨리 오르기 때문이에요. 100만 원짜리 물건을 사지 않고 저축을 한 뒤 이자를 받아서 175만 원을 갖게 되었는데 저축을 하는 동안 물건의 가격은 100만 원이 올라 200만 원이 된다면 그 물건을 살 수 없겠죠? 그래서 저축을 하기보다는 물건을 사는 것이 더 이익인 셈이에요.

통화량

금리는 우리 생활에 어떤 영향을 끼칠까요?

통화량: 나라 안에 돌아다니는 돈의 양

사람들은 금리에 관심이 많아요. 금리가 변하면 우리 생활에도 많은 변화가 생기거든요. 금리는 우리 생활에 어떤 영향을 끼칠까요? 금리가 올라가면 사람들은 저축을 늘려요. 더 많은 이자를 받을 수 있기 때문이죠. 반면에 돈은 적게 빌려요. 금리가 올랐을 때 돈을 빌리면 그만큼 내야 하는 대출 이자가 늘어나니까요. 돈의 사용료가 높아졌다고 할 수 있어요. 결국 금리가 오르면 사람들이 쓰는 돈을 줄이고 저축을 늘리기 때문에 한 나라 안에 돌아다니는 돈의 양인 통화량이 줄어든답니다.

반면에 금리가 내려가면 사람들은 저축을 줄여요. 저축으로 받을 수 있는 이자가 얼마 안 되기 때문이죠. 대신 돈을 빌릴 때 내야 하는 이자는 줄어들겠죠? 돈을 빌리는 대가로 내는 사용료가 줄어든다는 이야기예요. 그래서 금리가 내려가면 사람들은 돈을 많이 빌리고 소비를 많이 하게 돼요. 그에 따라 통화량도 증가하지요. 이렇게 금리는 우리 생활에 많은 영향을 주기 때문에 중앙은행인 한국은행의 역할이 중요하답니다. 한국은행의 가장 중요한 일이 바로 금리를 조절해서 나라의 통화량을 조절하는 거예요.

2020년, 우리나라에 코로나19 바이러스가 본격적으로 퍼지자 사람들이 집 밖을 나가지 않고 소비를 줄인 것을 기억하나요? 소비가 줄어들면 가게를 운영하는 사장님들이 힘들어지고 우리나라의 경제가 어려워져요. 그래서 당시 한국은행에서는 기준 금리를 많이 낮췄어요. 그러자 사람들은 저축을 줄이고 소비를 했지요. 내야 하는 이자가 줄어드니 대출을 받아서 소비하는 사람도 늘어났죠. 그런데 시간이 지나니 통화량이 너무 늘어나면서 물가가 많이 올라갔어요. 그러자 한국은행은 금리를 다시 높였답니다.

저축

돈을 쓰지 않고 모으는 이유?

저축: 절약하여 모아 둠

여러분도 부모님으로부터 저축하라는 이야기를 많이 들어 봤을 거예요. 그런데 왜 저축을 해야 할까요? 사람들이 저축을 하는 첫 번째 이유는 이자라는 돈을 받을 수 있기 때문이에요. 만 원을 저금통에 넣어 두면 1년 뒤에도 여전히 만 원이지만 은행에 저축하면 1년 뒤에 이자를 받을 수 있어요.

저에게 아무리 돈을 넣어도 이자가 안 나와요.

두 번째는 돈을 모으면 비싼 물건을 살 수 있기 때문이에요. 과자나 아이스크림은 적은 돈으로 살 수 있어요. 하지만 자동차, 아파트와 같이 비싼 물건은 바로 사기가 어려워요. 그래서 사람들은 갖고 싶은 물건을 사기 위해 저축을 해요.

또 집에 돈을 전부 보관하는 것보다는 은행에 맡겨 두고 필요할 때마다 꺼내 쓰는 게 더 안전하겠죠? 돈이 아닌 중요한 물건도 은행에 있는 금고에 맡길 수 있어요. 보석이나 중요한 물건 또는 문서가 있다면 은행에 있는 대여 금고에 보관할 수 있어요. 튼튼한 금고에 비밀까지 유지해 주기 때문에 이용하는 사람이 많다고 해요.

은행의 대여 금고는 열쇠나 지문, 비밀번호로 열 수 있고 한 사람씩만 들어갈 수 있다고 해요. 내 물건을 안전하게 보관해 주기 때문에 은행에서 이자를 주는 게 아니라 물건을 맡긴 사람이 보관료를 내야 하죠. 그런데 대부분의 대여 금고는 이미 꽉 차서 비어 있는 금고를 찾기가 어렵다고 하네요.

마지막으로 돈을 가지고 있으면 쓰고 싶은 생각이 자꾸 들기 때문이에요. 이런 유혹을 이기는 데 저축이 도움이 되죠. 저축한 돈을 찾으려면 여러 절차를 거쳐야 하기 때문에 지금 당장 쓰고 싶은 마음을 조절하는 데 도움이 돼요.

저축의 종류

나에게는 어떤 저축 방식이 좋을까?

보통 예금: 출금과 입금이 자유로운 통장
정기 적금: 정해진 기간마다 일정 금액을 내는 방식의 예금
정기 예금: 정해진 금액을 일정 기간 맡겼다가 다시 찾아가는 방식의 예금

사람들은 가지고 있는 돈을 은행에 많이 저축해요. 하지만 저축도 다 같은 저축이 아니라는 사실을 알고 있나요? 대표적인 저축의 종류에는 보통 예금, 정기 적금, 정기 예금이 있어요.

보통 예금은 돈을 넣었다 빼는 것이 자유로운 통장이에요. 내 마음대로 아무 때나 돈을 넣거나 찾을 수 있죠. 그래서 '자유 입출금 통장'이라고도 불러요.

정기 적금은 정해진 기간마다 정해진 금액을 저축하고 정한 날짜까지 이 돈을 찾지 않겠다고 약속하는 저축이에요.

매달 10일에 5만 원씩 저축하는 통장을 갖고 있다면 정기 적금 통장인 거죠.

정기 예금은 처음 저축할 때 돈을 맡겨 두고 정해진 날짜까지 이 돈을 찾지 않겠다고 약속하는 저축이에요.

처음 저축하는 날에 100만 원을 넣어 두고 1년 뒤에 찾아가기로 했다면 정기 예금 통장이랍니다.

 응원하는 야구팀이 성적이 좋을수록 이자를 더 준다?

은행에서는 많은 사람들이 저축을 하도록 다양한 저축 상품을 만들어요. 그중에 독특한 저축 상품도 있죠. 한 지역 은행에서는 그 지역 야구팀의 성적에 따라 이자율을 다르게 주는 저축 상품을 만들었어요.

만약 지역 야구팀이 5위 안에 들지 못하면 2.2퍼센트의 이자를 주고, 5위 안에 들면 2.3퍼센트, 우승하면 2.5퍼센트의 금리를 주는 상품이었지요. 안타깝게도 그 야구팀은 지난 30년 동안 우승하지 못했고, 그 해에도 5위 안에 들지 못해 저축한 사람들은 2.2퍼센트의 이자를 받았다고 하네요.

단리와 복리

이자를 주는 여러 가지 방식

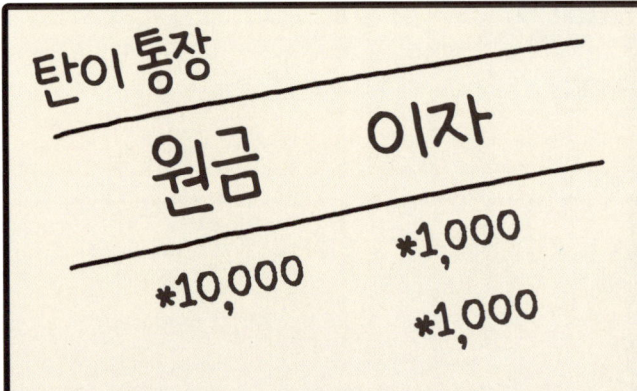

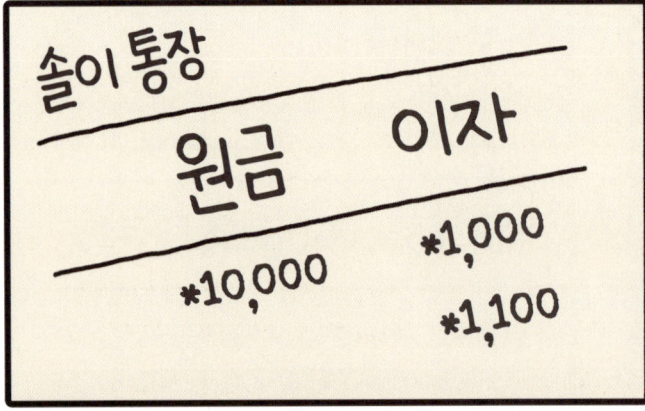

단리 : 내가 맡긴 돈에만 이자를 주는 방식
복리 : 내가 맡긴 돈과 내가 받은 이자에 이자를 주는 방식

예금 금리가 똑같다고 해서 모두 같은 이자를 받지는 않아요. 은행에서 우리에게 이자를 주는 방식이 다르기 때문이죠. 이자를 계산하는 방법에는 단리와 복리가 있어요.

단리는 원금(내가 맡긴 돈)에만 이자를 붙이는 방식이에요. 100만 원을 맡겼다면 100만 원에 대한 이자만 계산해서 주는 거죠.

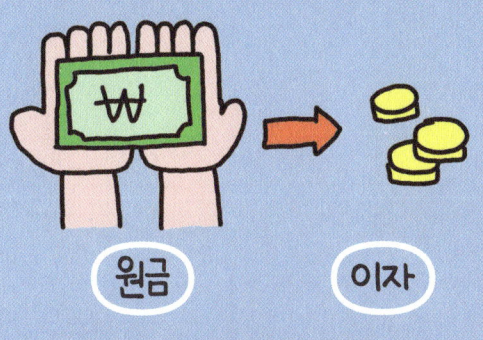

원금   이자

10퍼센트 단리로 저축을 하면 1년마다 100만 원의 10퍼센트인 10만 원의 이자를 받아요. 1년이 지나면 10만 원, 또 다시 1년 뒤에 10만 원, 그다음 1년 뒤에 10만 원을 받는 거죠.

복리는 원금뿐만 아니라 내가 받은 이자에도 이자를 계산해 줘요. 똑같이 100만 원을 넣어 1년마다 10퍼센트의 이자를 받는 저축을 하더라도 단리인지 복리인지에 따라서 받는 이자가 달라지는 것이지요.

원금   이자   이자

복리로 저축을 할 경우 처음 1년이 지나면 100만 원의 10퍼센트인 10만 원의 이자를 받아요. 하지만 그다음 1년이 지나면 100만 원의 10퍼센트가 아니라 110만 원(원금 100만 원 + 이자 10만 원)의 10퍼센트인 11만 원을 이자로 받게 되죠.

단리보다는 복리가 이자를 훨씬 많이 받을 수 있는 방법이랍니다.

내 자산이 두 배가 되는 데 걸리는 시간은?

저축한 돈이 언제 두 배가 되는지 계산하는 간단한 방법이 있어요. 바로 '100의 법칙'과 '72의 법칙'이랍니다. 내가 단리로 저축했다면 100의 법칙을 사용하면 돼요. 100을 내 저축의 이자율로 나누는 것이지요. 만약 내가 4퍼센트의 단리 상품에 저축했다면 100 나누기 4는 25니까 25년 뒤에 내가 저축한 돈이 두 배가 된다는 뜻이에요. 만약 복리로 저축했다면 72의 법칙을 사용해요. 72를 내 저축의 이자율로 나누는 거죠. 만약 내가 4퍼센트 복리 상품에 저축했다면 72 나누기 4는 18이니까 18년 뒤에 내가 저축한 돈이 두 배가 된다는 뜻이에요. 이자율이 똑같이 4퍼센트인데도 원금이 두 배로 늘어나는 데 7년이나 차이가 나죠?

주택 청약 통장

통장이 곧 아파트 당첨권!

주택 청약 통장 : 신규 분양 아파트에 청약하기 위해 가입하는 통장

여러분 동네에 새로 짓고 있는 아파트를 본 적이 있나요? 새로 짓는 아파트는 아직 주인이 정해지지 않았어요. 이때 건설사가 아파트를 나누어 파는 것을 분양이라고 해요.

아파트의 주인이 될 수 있는 자격을 추첨할 때 필요한 것이 바로 주택 청약 통장이에요. 주택 청약 통장은 새로 지을 아파트를 분양할 때 필요한 일종의 추첨권이지요.

새로 지을 아파트를 갖고 싶은 사람들 중 주택 청약 통장을 가진 사람들만 분양 신청을 할 수 있어요.

만약 분양하는 아파트보다 신청한 사람이 많다면 주택 청약 통장을 만든 지 오래된 사람, 돌봐야 할 가족이 많은 사람, 아파트가 지어지는 해당 지역에 오래 산 사람 순이나 추첨을 통해 아파트를 분양받을 사람을 정해요.

청약 통장을 만든 지 오래된 사람

가족이 많은 사람

해당 지역에 오래 산 사람

물론 공짜로 새 아파트를 얻는 것은 아니랍니다. 말 그대로 아파트를 가질 수 있는 자격만 주는 것이기 때문에 아파트의 값을 지불해야 하죠. 주택 청약 통장은 아파트를 분양받기 위해서 사용하는 통장이지만 저축 통장이기도 해서 예금 이자도 받을 수 있답니다.

옥쌤 경제상식 주택 청약 통장이 없으면 아파트에 살 수 없나요?

주택 청약 통장은 새로 지을 아파트를 분양받을 때 필요한 통장이에요. 그 말은 이미 다 지어져서 사람들이 살고 있는 아파트는 주택 청약 통장이 없어도 살 수 있다는 뜻이지요. 이때는 아파트의 주인과 아파트를 사려는 사람이 가격을 협의해 사고팔 수 있지요. 또 새로 짓는 아파트를 분양받을 수 있는 권리를 사고팔 수도 있어요. 주택 청약 통장으로 분양을 신청해서 당첨된 사람이 새 아파트에 들어갈 권리를 다른 사람에게 팔 수 있거든요.

대출

돈은 없지만, 돈이 필요해!

대출: 돈이나 물건을 빌려주거나 빌리는 것

대출이란 돈이나 물건을 빌려주거나 빌리는 것이에요.
여러분이 도서관에서 책을 빌릴 때도 대출이라는 단어를
사용하지요? 은행에서 돈을 빌리는 것도 대출이라고 한답니다.
당연히 은행에서 돈을 빌리면 은행에 이자를 내야 해요.
사람들은 왜 대출을 하는 걸까요?

첫 번째는 갑자기 필요한 돈을 마련하기 위해서예요. 살다 보면 우리가 예상치 못한 일이 발생해서 큰돈이 필요한 경우가 생겨요. 갑자기 큰 사고가 나서 수술비가 필요한데 돈이 없어 수술을 받지 못하면 생명이 위험해질 수 있겠죠? 이럴 때 사람들은 급한 돈을 마련하기 위해 대출을 받아요.

두 번째는 비싼 물건을 사기 위해서예요. 자동차나 아파트 같은 물건은 가격이 매우 비싸지요. 저축을 해도 지금 당장 사기 어려울 때 사람들은 대출을 받아서 자동차나 아파트를 구매해요. 물론 매달 돈을 갚아야 한다는 점을 생각해야 하지요.

마지막으로 투자를 하기 위해서예요. 대출받은 돈을 투자해서 대출 이자보다 더 많은 이익을 낼 수 있을 때 대출을 받기도 해요. 대출 이자가 매달 10만 원인데 대출받은 돈을 투자해서 매달 30만 원의 수익을 얻는다면 대출을 받은 덕분에 20만 원의 이익을 남길 수 있으니까요. 이렇게 빚을 내서 투자를 해 이윤을 얻는 방법을 어려운 말로 '레버리지(Leverage)'라고 한답니다.

 ## 은행에서 내가 내 돈을 찾지 못한다면?

여러분이 가진 돈 100만 원을 보통 예금 통장에 넣어 두었다고 생각해 봅시다. 그리고 한 달 뒤 갑자기 돈이 필요해진 여러분이 5만 원을 찾으러 은행에 방문했어요. 그런데 은행원이 "고객님의 100만 원을 전부 다른 사람에게 대출해 줘서 고객님께 지금 5만 원을 드릴 수 없어요."라고 말한다면 어떨까요? 무척 황당하겠죠? 내가 내 돈을 찾을 수 없다니 말이에요. 이런 상황을 막기 위해 각 나라의 중앙은행에서는 '지급 준비율'이라는 것을 정해 두었어요. 돈을 맡긴 사람이 그 돈을 찾을 때 지급하기 위해 준비해 놓는 돈의 비율을 뜻하죠. 우리나라의 지급 준비율은 2022년 기준으로 7퍼센트예요. 사람들이 100만 원을 은행에 저축했다면 은행에 적어도 7만 원은 남겨 두고 나머지 93만 원을 사람들에게 대출해 줄 수 있는 것이지요.

신용 점수

이 사람을 얼마나 믿을 수 있을까요?

신용 점수 : 개인의 신용도를 평가하는 점수로 1~1,000점까지 계산됨

평소에 빌려 간 물건을 잘 돌려주지 않는 친구가 여러분에게 지우개를 빌리러 왔다면 여러분은 선뜻 빌려줄 건가요? 아마도 빌려주기가 꺼려질 거예요. 지우개를 돌려받지 못할 확률이 높으니까요.

은행도 마찬가지예요. 빌려준 돈을 잘 갚을 사람에게는 돈을 쉽게 빌려주겠지만 잘 갚지 않는 사람에게는 돈을 빌려주고 싶지 않을 거예요.

은행에서 이 사람이 돈을 잘 갚을 사람인지 알 수 있는 숫자가 있어요. 바로 신용 점수예요. 신용이란 상대방을 믿을 수 있는 정도예요.

신용 점수는 돈을 잘 갚을 사람인지 아닌지를 1부터 1,000까지의 숫자로 나타낸 점수예요. 신용 점수가 낮을수록 돈을 갚지 않을 가능성이 높은 반면 1,000에 가까울수록 돈을 잘 갚을 가능성이 높은 것이죠.

평소에 빌린 돈을 잘 갚은 사람들은 점수가 점점 높아져요. 하지만 빌린 돈을 제때 갚지 않을 경우 신용 점수는 낮아지죠. 신용 점수는 한 사람이 경제 활동을 하는 데 굉장히 중요해요. 여러분도 어른이 되면 여러분의 신용 점수를 잘 관리해야 해요!

 **돈을 한 번도 빌린 적 없는 사람은 신용 점수가 높을까?**

신용 점수가 낮으면 은행에서 돈을 빌리기 어렵고, 신용 카드를 만들지 못할 수 있어요. 돈을 빌리고 제때 갚지 않으면 신용 점수가 떨어져요. 그렇다면 돈을 제때 갚지 못하는 일이 아예 없도록 돈을 한 번도 빌리지 않은 사람의 신용 점수는 어떨까요?

돈을 한 번도 빌린 적이 없는 사람의 신용 점수는 500점 정도밖에 되지 않아요. 한 번도 돈을 갚지 못한 적이 없는데도 생각보다 낮지요? 그 이유는 간단해요. 한 번도 돈을 빌린 적이 없는 사람은 돈을 제때 잘 갚을지 아니면 못 갚을지 알 수 있는 자료가 없기 때문이에요. 높은 신용 점수를 받으려면 돈을 아예 빌리지 않는 것보다는 차라리 돈을 빌리고 제때 잘 갚는 것이 더 중요하답니다.

대출의 종류

어디에서, 어떻게 돈을 빌릴까?

신용 대출: 개인의 신용 점수를 바탕으로 돈을 빌려주는 방식
담보 대출: 은행에서 인정하는 담보물을 담보로 잡고 돈을 빌려주는 방식
학자금 대출: 학생이 정부나 금융 기관 따위에서 학업에 필요한 돈을 빌리는 방식

사람들은 다양한 이유로 돈을 빌려요. 그리고 대출의 종류도 다양하죠. 사람들이 많이 이용하는 대출에는 신용 대출, 담보 대출, 학자금 대출 등이 있어요.

신용 대출은 그 사람이 가지고 있는 신용 점수를 바탕으로 돈을 빌려주는 대출이에요. 신용 점수가 높은 사람은 많은 금액을 적은 금리로 빌려주죠. 반면 신용 점수가 낮은 사람은 적은 금액을 높은 금리로 빌려주거나 아예 대출을 해 주지 않기도 해요.

신용 대출

담보 대출은 은행에서 담보를 정해 두고 돈을 빌려주는 대출이에요. 담보란 돈을 갚지 못했을 때 은행이 빌려준 돈 대신 가져가기로 한 물건이에요. 부동산 담보 대출의 경우 돈을 빌린 사람이 돈을 갚지 못하면 그 사람의 부동산(아파트)을 은행이 가져가지요.

담보 대출

학자금 대출은 대학을 다닐 때 필요한 등록금을 빌려주는 대출이에요. 학생들이 돈 때문에 공부를 못하는 경우가 없도록 도와주는 것이 목적이지요. 학생들의 공부를 위한 대출이기 때문에 다른 대출보다 금리가 낮아요.

학자금 대출

그런데 대출은 은행에서만 받을 수 있는 것은 아니에요. 여러분이 잘 알고 있는 '국민은행', '우리은행' 같은 은행들을 제1 금융권이라고 해요. 그리고 이러한 제1 금융권을 제외한 금융 기관을 제2 금융권이라고 해요. '저축은행', '새마을금고'와 같은 곳이 있어요. 이런 곳에서는 제1 금융권보다 조금 더 쉽게 대출해 주지만 이자가 훨씬 더 높아요. 그리고 제2 금융권에서 대출을 받은 기록이 남으면 제1 금융권에서 대출이 어려워질 수 있어요. 그러니 제1 금융권의 은행이 아닌 곳에서 대출을 받을 때는 신중하게 생각해야 해요!

신용 카드와 체크 카드

물건값을 지금 낼까, 나중에 낼까?

신용 카드 : 카드사에서 내가 쓴 돈을 먼저 내주고, 정해진 날짜에 한 달간 쓴 돈을 갚는 방식
체크 카드 : 카드와 연결된 통장에 있는 돈에서 곧바로 결제 금액이 빠져나가는 방식

부모님이 가게에서 물건의 값을 계산할 때 카드를 이용하는 모습을 본 적이 있나요? 혹시 그 모습이 어디에선가 돈이 나오는 마법처럼 느껴지지는 않았나요? 하지만 우리가 사용하는 카드는 마법이 아니에요. 카드를 쓸 때도 돈을 쓰고 있는 것이랍니다. 물건값을 계산할 때 사람들이 사용하는 카드는 체크 카드와 신용 카드 두 종류예요.

먼저 체크 카드는 결제할 때마다 내 계좌의 돈이 바로 빠져나가는 카드예요. 5만 원짜리 물건을 체크 카드로 계산하면 곧바로 내 계좌에서 5만 원이 빠져나가요. 그래서 내 계좌에 남은 돈이 없다면 체크 카드로 계산할 수가 없어요.

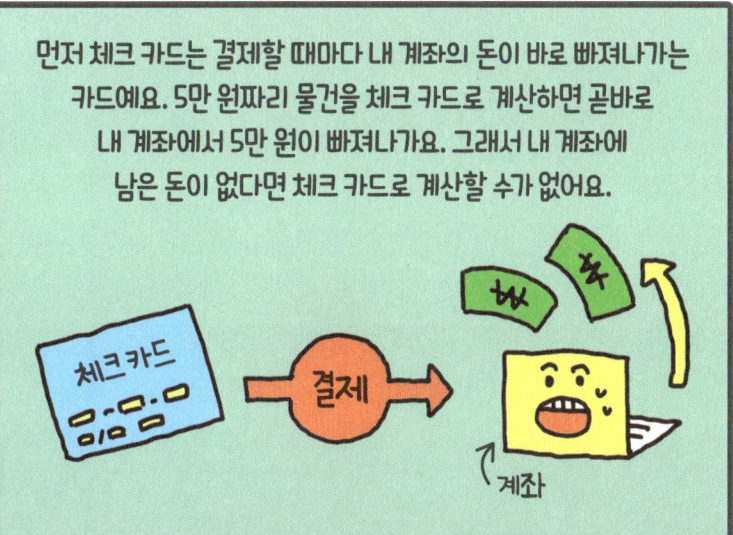

반면, 신용 카드로 계산하면 신용 카드 회사에서 먼저 카드의 주인 대신 돈을 내줘요. 그래서 신용 카드로 계산을 해도 내 계좌에서 돈이 바로 빠져나가지 않아요. 심지어 내 계좌에 남은 돈이 없어도 신용 카드로 계산할 수 있어요.

하지만 매달 정해진 날짜에 내가 한 달 동안 신용 카드로 쓴 만큼의 돈이 한 번에 빠져나가요. 신용 카드 회사의 돈을 빌려 쓴 셈이죠. 만약 신용 카드로 쓴 돈을 제때 갚지 못하면 여러분의 신용 점수가 크게 낮아질 수 있어요.

 신용 카드의 탄생

1951년 미국 뉴욕의 한 식당에서 프랭크 맥나마라(Frank Mcnamara)라는 사업가가 친구들과 함께 저녁을 먹었어요. 자신이 초대한 자리였기에 식사를 마치고 계산하려는 순간 프랭크는 호텔에 지갑을 두고 온 사실을 깨달았어요. 그 당시 사람들은 현금으로만 계산을 했기 때문에 프랭크는 매우 당황했어요. 다행히 아내가 지갑을 가져다주면서 계산할 수 있었지만 프랭크는 이런 생각이 들었어요. '만약 지갑을 가져다줄 사람이 없었다면 어떻게 됐을까? 아니면 친구들이 아니라 중요한 회사 사람을 만나는 자리였다면?' 그래서 프랭크는 돈이 없어도 계산할 수 있는 방법을 고민하기 시작했어요. 그 결과 자신의 신용으로 계산을 하고 이후에 돈을 내는 신용 카드를 만들었답니다.

교과 연계

3학년 도덕 04. 아껴 쓰는 우리
4학년 2학기 사회 02. 필요한 것의 생산과 교환
5학년 실과 02. 가정생활과 안전
5학년 실과 06. 일과 직업 탐색

돈 관리하는 방법

가계부 | 투자 | 다양한 투자처 | 주식회사 | 주식 | 재무제표 | 우량주와 유망주 | 펀드 | 재무 설계사 | 보험 | 보험의 종류

돈을 버는 방법은 여러 가지예요. 사람들은 회사를 다니며 얻는 근로 소득 외에도 여러 가지 방법으로 돈을 벌어요. 물론 버는 것뿐만 아니라 쓰는 것도 중요해요. 돈 관리를 잘하는 것이 곧 부자가 되는 지름길이랍니다.

가계부

우리 집은 얼마를 벌고 얼마를 쓸까?

가계부: 집안 살림의 수입과 지출을 적는 장부

가계부란 한 가정에서 돈을 얼마나 벌었고, 얼마나 썼는지를 기록해 두는 장부예요. 아무리 기억력이 좋은 사람이라도 내가 언제 어디에 돈을 썼는지 모든 것을 세세하게 기억하지는 못해요.

그래서 가계부를 적으며 우리 가족이 어디에 돈을 쓰고 있는지 살펴보는 것이죠.

예전에는 책이나 수첩 형태의 가계부를 많이 사용했지만 요즘은 애플리케이션으로 사용하는 경우가 많아요. 자신의 소비 패턴에 맞는 애플리케이션을 선택해서 쓰는 것이 좋겠지요. 가계부를 쓰면 우리 집에서 얼마나 돈을 쓰고 얼마를 저축하고 있는지 그리고 지금 우리 집이 가지고 있는 돈은 얼마인지 쉽게 알 수 있어요.

번 돈을 수입, 쓴 돈을 지출이라고 하는데 한 달 동안 수입이 얼마인지, 어디에 얼마나 지출을 했는지를 구분해서 적어요. 그리고 적어 둔 가계부를 다시 살펴보며 불필요한 지출은 없었는지 확인하고, 달마다 지출한 총비용을 비교할 수도 있어요. 지출이 많은 것 같으면 저축을 늘리면 되지요.

그런데 내가 소비를 적절히 하고 있는지 많이 하고 있는지 어떻게 알 수 있을까요? 이때, 여러분의 과소비 지수를 계산해 보면 돼요. 과소비 지수는 한 달 동안 들어온 돈에서 한 달 동안 저축한 돈을 뺀 수를 한 달 동안 들어온 돈으로 나눈 수예요.

과소비 지수 계산법

$$\frac{\text{한 달 동안 들어온 돈} - \text{한 달 동안 저축한 돈}}{\text{한 달 동안 들어온 돈}}$$

과소비 지수가 1이면 돈 관리에 심각한 문제가 있는 거예요. 만약 0.7이라면 과소비 상태죠.
0.6은 적당히 소비하고 있는 것, 0.5는 구두쇠 수준이라고 하네요.
여러분이 한 달 용돈 만 원을 받는다면 4,000원은 저축하는 것이 적당하겠지요?

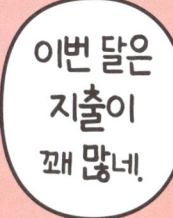

이번 달은 지출이 꽤 많네.

이번 달은 저축을 더 할 수 있겠어!

투자

투자는 저축과 어떻게 다를까?

투자 : 이익을 얻기 위해 주식, 부동산, 상품 등에 돈을 대는 일

투자란 이익을 얻기 위해 어떤 일이나 사업에 돈을 대는 거예요. 저축보다 훨씬 많은 수익을 얻을 수 있지요. 2023년 기준으로 은행에 100만 원을 저축하면 1년 뒤에는 평균 4~5만 원 정도의 이자를 받을 수 있어요. 그런데 투자를 하면 하루 만에 4~5만 원을 벌 수도 있죠. 투자가 성공하면 몇 년 혹은 몇 달 만에 내가 투자한 돈의 몇 배를 벌 수도 있어요.

하지만 투자에는 내가 투자한 돈을 잃을 위험도 존재해요. 100만 원을 은행에 저축하면 내가 맡긴 돈을 잃는 경우는 없겠지요. 하지만 100만 원을 투자한 사람은 10만 원의 손해가 생길 수도, 50만 원의 손해가 생길 수도 있어요.

때로는 내가 투자한 돈을 한 푼도 돌려받지 못하는 경우도 생겨요. 그래서 투자는 충분히 정보를 수집하고 신중하게 분석한 뒤 해야 해요.

투자는 돈을 많이 벌 수 있는 방법이지만 위험성이 있는 돈 관리, 저축은 돈을 적게 벌지만 안정적인 돈 관리라고 생각하면 되겠네요.

투자의 귀재, 워런 버핏

워런 버핏(Warren Buffett)은 미국의 유명한 투자자예요. 주식 투자로 엄청나게 많은 돈을 벌어들였죠. 그렇다면 워런 버핏의 주식 투자 수익률은 얼마나 될까요? 워런 버핏의 1년 투자 수익률은 평균 20퍼센트 정도라고 해요. 100만 원을 투자했다면 1년 뒤에 20만 원을 벌었다는 얘기죠. 세계적인 투자자치고는 적은 수익이라고 생각할 수도 있어요. 하지만 워런 버핏의 대단한 점은 몇 십 년 동안 평균 20퍼센트의 수익률을 이루었다는 거예요. 워런 버핏의 56년간 투자 수익률은 무려 280만 퍼센트 정도라고 하네요. 만약 100만 원을 투자했다면 280억 원을 번 엄청난 수익률이에요.

다양한 투자처

어디에 투자할 수 있을까?

투자처 : 투자할 만한 곳

투자란 이익을 얻기 위해 어떤 일이나 사업에 돈을 대는 것이라고 했지요? 우리 주변에는 무척 다양한 투자처들이 있어요. 사람들이 투자를 하고 있는 대표적인 예시로 주식, 금, 달러, 부동산 등을 들 수 있어요.

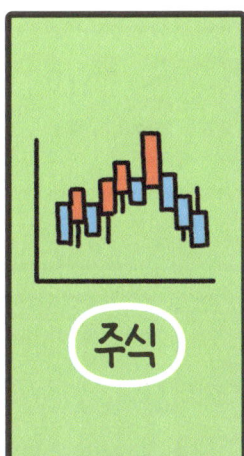
주식

투자를 하는 곳마다 방식은 조금씩 다르지만 사람들은 주식의 가격, 금의 가격, 달러의 가격, 부동산의 가격이 오르리라 생각하고 투자를 해요. 금의 가격이 지금보다 많이 올라갈 것 같으면 미리 금을 사 두는 투자를 하겠죠.

금

아파트의 가격이 지금보다 많이 오를 것 같으면 사람들은 아파트에 투자할 거예요. 반대로 아파트의 가격이 낮아질 것이라고 생각하면 투자를 하지 않겠지요.

부동산

예술품도 투자의 대상이에요. 과거에는 자본가들만 예술품을 수집했지만 최근에는 예술품에 투자할 수 있는 경로가 많아지면서 더 다양한 사람들이 예술품 투자에 참여하게 됐지요. 투자할 만하다고 생각하는 예술품을 구입하는 것이에요.

예술품

대부분의 투자는 돈을 벌기 위해 이루어져요. 넓은 의미에서 보면 이자를 받기 위해 내 돈을 은행에 저축하는 행동도 투자라고 이야기할 수 있죠.

달러

여러분이 미래에 원하는 직업을 갖기 위해 지금 하고 있는 공부도 여러분의 미래를 위한 투자라고 할 수 있겠네요.

지식, 공부

 **옥쌤 경제상식** ## 달의 땅을 팝니다!

1980년대 미국에서 달에 있는 땅을 팔겠다는 사람이 나타났어요. 바로 데니스 호프였죠. 데니스 호프는 1에이커(4,046㎡)당 20달러에 달에 있는 땅을 팔았어요. 쉽게 가기도 어려운 달의 땅을 팔다니, 사는 사람이 있었을까 싶지요? 그런데 미래에는 기술이 발달해 달에 사람이 살 수도 있다고 생각한 투자자들은 자신의 돈을 기꺼이 내고 달의 땅을 사기 시작했어요. 결국 호프는 자신도 가 본 적 없는 달의 땅을 팔아서 무려 100억 원이 넘는 돈을 벌었다고 해요. 달에 있는 땅에 투자한 사람들은 앞으로 어떤 결과를 얻게 될까요?

주식회사

회사를 차리는 데 필요한 것!

주식회사 : 주식을 발행해서 여러 사람으로부터 자본을 조달받는 회사

회사를 만들고 운영하기 위해서는 돈이 필요해요. 작은 가게라면 내가 가진 돈이나 은행에서 대출받은 돈으로 혼자 차릴 수 있겠죠. 하지만 더 큰 돈이 필요한 회사는 그렇지 않아요. 주식회사는 많은 사람들이 함께 돈을 모아서 회사를 만드는 거예요.

그리고 회사를 만드는 데 돈을 보탠 사람들은 주식을 받아요. 주식이란 회사의 주인이라는 일종의 증명서이죠. 돈을 보탠 사람은 자신이 낸 돈만큼 주식을 갖게 돼요. 10만 원을 낸 사람은 10만 원어치의 주식을, 30만 원을 낸 사람은 30만 원어치의 주식을 받는 거죠.

주식을 가지고 있는 사람을 주식의 주인이라는 의미로 주주라고 불러요. 주주들은 회사의 주인이기 때문에 회사의 중요 사항을 결정할 수 있어요.

중요 사항을 결정하기 위해 주주들이 모이는 회의를 주주 총회라고 부르죠. 또 주주들은 회사가 벌어들인 돈을 나누어 갖기도 해요. 이 돈을 배당금이라고 불러요.

여러분이 좋아하는 물건을 만드는 회사의 주식을 산다면 여러분도 그 회사의 주인이 되는 거예요. 여러분은 어떤 회사의 주식을 사고 싶나요?

 우리나라에서 가장 비싼 주식은?

우리나라에서 가장 비싼 주식은 얼마일까요? 삼성 바이오로직스의 주식이 1주에 80만 7,000원(2023년 1월 기준)으로 가장 비싸요. 하지만 주식의 가장 가격이 높다고 해서 그 회사의 규모가 가장 큰 것은 아니에요. 어떤 회사가 규모가 큰지 보기 위해서는 시가 총액을 봐야 해요. 주식의 가격에 주식 수를 곱한 금액을 시가 총액이라고 불러요. 우리나라에서 시가 총액이 가장 높은 주식회사는 바로 삼성전자예요. 시가 총액이 무려 373조 원(2023년 2월 기준)이지요. 삼성전자 1주의 가격은 6만 원 정도이지만 주식의 개수가 무려 59억 주가 넘는다고 해요.

주식

나도 할래요, 주식!

주식 : 기업이나 상품에 자신의 돈을 투자했을 때 받는, 회사에 대한 소유권

회사에 돈을 투자한 사람이 회사의 주인으로서 받는 증명서를 주식이라고 해요. 하지만 내가 어떤 회사에 투자했다고 해서 그 주식을 평생 가지고 있어야 하는 것은 아니에요. 주식을 사려는 사람이 있다면 언제든 주식을 사고팔 수 있어요.

주식을 파는 것을 매도, 주식을 사는 것을 매수라고 해요. 예전에는 종이로 된 주식을 사고팔았지만 지금은 컴퓨터나 휴대 전화로도 주식을 쉽게 사고팔 수 있어요.

주식의 가격은 사는 사람과 파는 사람이 결정해요. 만약 내가 갖고 있는 주식을 만 원에 팔고 싶은데 그 가격에 사려는 사람이 있다면 주식의 가격은 만 원이 돼요.

만약 어떤 회사가 장사가 잘되고 앞으로 돈을 많이 벌 것이라고 예상되면 그 주식을 갖고 싶어 하는 사람이 많아질 테죠. 그럼 자연스레 주식의 가격이 점점 높아지겠죠?

반대로 회사가 앞으로 장사가 잘되지 않고 망할 수도 있다는 소식이 들린다면 주식을 가진 사람들은 자신의 주식을 팔려고 하겠죠. 앞으로 손해를 볼 수도 있으니까요.

망해 가는 회사의 주식을 사려는 사람은 없을 거예요. 주주들이 주식을 내놓아도 팔리지 않으면 결국 주식의 가격이 내려가요. 주식의 가격은 수요와 공급의 원칙에 따라 결정된답니다. 이런 원리로 주식의 가격은 매일매일, 매 순간 바뀌고 있어요.

 **옥쌤 경제상식** ## 주식의 최고 가격과 최저 가격

주식을 사려는 사람과 팔려는 사람이 각각 원하는 가격에 따라 주식의 가격이 결정돼요. 만약 어제까지는 만 원에 팔렸던 주식을 오늘 10만 원에 사겠다는 사람이 있다면 오늘 주식의 가격이 갑자기 10만 원이 될 수도 있어요. 하지만 아무 제한이 없이 거래가 이루어진다면 주식 시장이 불안정하고 혼란스러워질 수 있겠지요? 그래서 우리나라 주식 시장에서는 하루에 최대 30퍼센트까지만 가격이 오르내릴 수 있도록 상한가와 하한가를 정해 두었답니다. 상한가는 주식이 하루에 오를 수 있는 최고 가격이고, 하한가는 주식이 하루에 내려갈 수 있는 최저 가격이에요. 어제까지 100원이었던 주식의 가격이 오늘은 최고 130원까지만 올라갈 수 있고 최저 70원까지만 내려갈 수 있다는 뜻이에요.

재무제표

회사도 가계부가 필요해!

재무제표: 기업이 회사의 수입과 지출을 기록하는 장부

재무제표는 회사에서 쓰는 가계부라고 생각하면 돼요. 보통 1년에 한 번 또는 3개월에 한 번씩 발행하죠.

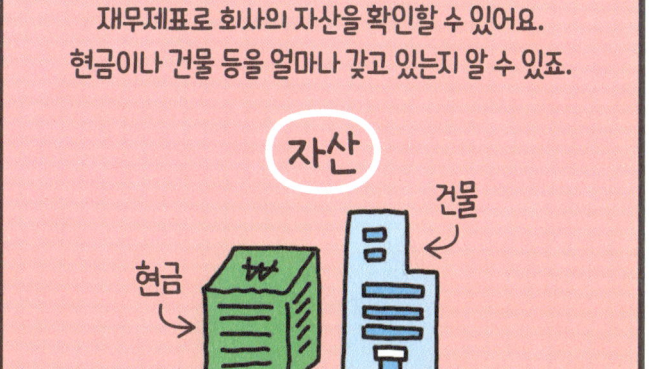

재무제표로 회사의 자산을 확인할 수 있어요. 현금이나 건물 등을 얼마나 갖고 있는지 알 수 있죠.

회사의 빚이 얼마인지도 확인할 수 있어요. 회사에서 돈을 얼마나 갚아야 하는 상황인지 알 수 있죠.

또 회사가 얼마나 매출을 올렸는지, 얼마나 돈을 썼는지도 기록해 두기 때문에 특정 기간 동안의 수입이 얼마인지도 확인할 수 있어요.

그 외에도 다양한 수치와 정보들을 재무제표에서 확인할 수 있어요. 내가 주식을 갖고 있는 회사가 앞으로 어떻게 될지 예측할 수 있는 중요한 자료죠.

이처럼 재무제표를 보면 회사의 자산 흐름을 한눈에 파악할 수 있어요. 그렇다 보니 회사의 가치가 더 높아 보이도록 장부를 조작하는 경우가 있어요. 이렇게 재무제표를 조작하는 것을 분식 회계라고 해요.

올해 쓴 돈을 내년으로 미뤄 기록하거나 100만 원짜리 가치의 물건을 200만 원으로 기록하는 등 다양한 방법을 쓰죠. 분식은 실제보다 좋게 보이려고 사실을 숨기고 거짓으로 꾸민다는 뜻이에요. 분식 회계를 할 경우 그 피해는 고스란히 그 회사의 재무제표를 믿고 투자한 사람들에게 돌아가겠지요. 그래서 분식 회계는 법으로 금지되어 있어요.

조작 멈춰!

갖고 있는 자산보다 적은 척해야지~

그러니까 주식 투자를 하는 사람들은 반드시 재무제표를 꼼꼼히 살펴봐야 해요. 여러분이 관심 있는 회사의 재무제표를 인터넷에서 찾아보는 것도 재미있겠네요!

우량주와 유망주

일상에서 자주 쓰는 주식 용어는?

우량주: 수익과 배당이 높은 일류 회사의 주식
유망주: 시세가 오를 가망이 있는 주식

축구나, 야구 등 다양한 스포츠 종목에서 앞으로 뛰어난 실력을 보여 줄 것이라고 예상되는 신인 선수를 부를 때 유망주라는 표현을 많이 사용하지요? 그런데 이 유망주는 사실 주식 시장에서 사용하는 용어랍니다.

유망주는 앞으로 좋은 성과를 낼 가능성이 높은 주식을 의미하는 단어예요.
즉 우량주가 될 가능성이 높은 주식을 뜻하죠.
앞으로 성장이 기대되는 주식을 지칭하던 유망주라는 단어가 스포츠 종목에서 미래에 발전할 가능성이 높은 선수와 비슷해 점점 더 많이 사용되게 되었답니다.

자주 사용하는 주식 용어 중에 '우량주'라는 단어도 있어요. 손해를 볼 위험이 있는 주식 시장에서 우량주는 비교적 안정적이고 믿을 수 있는 주식을 뜻해요. 우량주는 안전하다는 인식 때문에 이미 높은 가격으로 거래되고 있는 경우가 많죠. 하지만 유망주든 우량주든 투자한 이상 손해를 볼 수도 있다는 사실을 잊어선 안 되겠죠?

 황소와 곰은 주식과 가장 친한 동물?

미국 뉴욕의 금융 중심가 월 스트리트를 상징하는 동상이 있어요. 바로 돌진하는 황소 동상이죠. 많은 동물 중에 왜 하필 황소가 금융 시장을 상징하게 되었을까요? 그 이유는 황소가 상대방을 공격하는 방식에 있어요. 황소는 뿔을 아래에서 위로 들어 올리며 상대방을 공격해요. 이 모습이 주가가 올라가는 모습을 연상시켜서 금융 시장에서 황소를 상징적인 동물로 사용하는 것이랍니다. 반면 곰은 주가가 내려가는 것을 의미해요. 곰이 상대방을 공격할 때 앞발을 위에서 아래로 휘두르기 때문이에요. 우리나라의 금융 기관 중 한국거래소의 홍보 캐릭터가 황소를 형상화한 '황비'와 곰을 형상화한 '웅비'인 이유도 이 때문이랍니다.

펀드

주식을 몰라도 할 수 있는 주식 투자

펀드 : 주식 투자 전문가가 여러 사람의 돈을 모아서 대신 주식에 투자하고 거기에서 얻은 이익과 손해를 나누는 투자 방법

주식은 나의 돈을 불릴 수 있는 투자처예요. 하지만 주식 투자에 성공하기 위해서는 공부할 것들이 너무 많죠. 그리고 매일 생겨나는 새로운 소식, 매 순간 바뀌는 주식의 가격 등등 이 모든 것을 항상 신경 쓰기에는 현실적으로 어려운 점이 있어요. 이때 주식에 대한 전문 지식 없이도 투자할 수 있는 것이 바로 펀드랍니다.

펀드란 사람들이 함께 모은 돈으로 투자하는 방법이에요. 사람들이 모은 돈으로 주식이나 부동산 등 다양한 투자처에 투자를 할 수 있죠. 이때 실제 투자는 펀드 매니저와 같은 전문가들이 대신 해 줘요. 펀드 매니저와 상담하면서 어떤 곳에 투자하고 싶은지 정한 다음 투자는 전문가가 대신 해 주는 방식이랍니다.

주식에 대해 잘 모르는 초보자도 쉽게 투자할 수 있는 방법이지요? 하지만 펀드도 결국 투자이기 때문에 손해 볼 가능성이 완전히 사라지는 것은 아님을 꼭 기억해야 해요.

사람들이 펀드에 가입하는 이유는 투자가 어렵고 복잡하기 때문이에요. 전문가가 대신 투자해 주면 투자에 성공할 확률이 높아지거든요.

그래서 만약 손해를 본다고 해도 펀드 회사에 돈을 줘야 해요. 전문가가 우리 대신 투자를 해 주기 때문에 우리는 전문가에게 수고의 의미로 보수라는 돈을 줘야 해요. 수수료라고도 하지요. 전문가가 대신 투자를 해 주었는데 내가 많은 돈을 벌었다면 당연히 보수도 기분 좋게 내겠죠? 하지만 아무리 전문가라 할지라도 투자에 실패하는 경우가 있어요. 이렇게 내가 맡긴 돈에 손해가 생기더라도 전문가에게 보수는 주어야 한답니다.

재무 설계사

돈 관리 방법을 알려 주는 직업도 있어요!

재무 설계사: 개인이나 기업이 재정을 효율적으로 관리하고 운용할 수 있도록 설계하는 사람

돈을 잘 관리하기 위해서는 소비를 어떻게 할지, 저축은 얼마나 할지, 어디에 얼마나 투자할지 결정하고 행동에 옮겨야 해요. 하지만 어디서부터 어떻게 관리해야 할지 막막하다면 전문가의 도움을 받을 수 있어요. 각자의 돈 관리 방법은 모두 다르기 때문이지요. 개인의 돈이나 재산과 관련한 상황을 분석하고 어떻게 해야 할지 방법을 알려 주는 전문가를 재무 설계사라고 해요.

재무 설계사는 자신의 경험과 전문 지식을 가지고 고객의 돈과 재산을 분석해 줘요. 그리고 분석 결과를 바탕으로 고객에게 맞는 소비, 저축, 투자 등의 방법을 제안하지요. 쉽게 얘기하면 여러분의 공부를 도와주는 선생님 같은 역할을 하는 사람이에요.

재무 설계사가 가장 먼저 하는 일은 재산에 대한 목표를 정해 주는 것이에요. 40세에 집을 사고 싶은 사람, 40세에 은퇴를 하고 싶은 사람, 40세에 10억 원을 모으고 싶은 사람…. 사람들은 저마다 목표가 다르지요. 그러니까 재산을 관리하는 전략도 각각 달라지겠죠. 여러분도 여러분의 돈에 대한 목표를 한번 정해 보는 건 어떨까요?

 ## 은퇴한 뒤 필요한 돈은 얼마일까?

사람들이 열심히 돈을 벌고 돈 관리를 하는 이유는 내가 일을 할 수 없을 때 필요한 돈을 마련하기 위해서예요. 이것을 노후 준비라고 하죠. 그렇다면 우리가 일을 그만두고 난 뒤의 생활을 위해 얼마가 필요할까요? 2020년 국민연금이 발표한 '은퇴 뒤 한 사람에게 필요한 적당한 생활비'는 한 달에 154만 원이에요. 만약 60세에 은퇴한 사람이 90세까지 산다면 생활비로만 5억 5,400만 원이 필요한 셈이죠. 그렇기 때문에 사람들은 지금 번 돈을 다 쓰지 않고 저축과 투자 등을 통해 돈 관리를 하는 것이랍니다.

보험
예상치 못한 위험에 대비하는 방법

보험: 사고나 재해를 당할 경우 경제적 손해를 대비하기 위해 미리 일정한 돈을 적립해 두었다가 사고가 발생했을 때 보험 회사에서 약속한 금액을 보장해 주는 제도

우리 주변에는 많은 위험이 도사리고 있어요. 길을 걸어가다 자동차 사고가 날 수도 있고, 길이 미끄러워 넘어질 수도 있죠.

갑자기 병에 걸려 수술이나 입원을 해야 할 수도 있어요. 그런데 이때, 돈이 없어서 치료를 받지 못한다면 큰 문제가 생기겠죠? 사람들은 이런 위험에 대비하기 위해 보험에 가입해요.

보험료를 걷고 보험금을 주는 일은 보험 회사에서 하고 있어요. 암에 걸릴 것이 걱정되는 사람은 암 보험에 가입해서 보험료를 내고 만약 진짜 암에 걸리면 수술비나 치료비 등을 보험금으로 받게 돼요.

하지만 암에 걸리지 않았다고 해서 내가 냈던 보험료를 돌려받는 건 아니에요. 보험은 돈을 벌기 위한 것이 아니라 나에게 생길지도 모를 위험한 상황에 대비하는 것이 목적이기 때문이죠. 보험은 우리 생활에 필요한 안전 장비라고 부를 수 있겠네요.

 ## 우리나라 최초의 보험은 '소 보험'

현대 사회에 살고 있는 사람들은 엄청나게 다양한 종류의 보험에 가입할 수 있지요. 그렇다면 우리나라에서 가장 먼저 생겨난 보험은 무엇일까요? 우리나라 최초의 보험은 바로 '소'를 보호하기 위해 1897년 만든 소 보험이었어요. 그 당시 사람들은 대부분 농사를 짓고 살았기 때문에 소가 매우 중요한 재산이었죠. 그래서 소가 죽으면 돈을 받을 수 있는 소 보험을 만들었어요. 소 한 마리당 엽전 한 냥을 보험료로 내면 소가 죽었을 경우 소의 크기에 따라 100냥, 70냥, 40냥의 보험금을 받을 수 있었다고 하네요.

보험의 종류

건강, 자동차, 재산에도 보험을 들어요

암 보험: 암에 걸렸을 때 치료비나 사망 등을 보장하는 보험
자동차 보험: 소유하고 있는 자동차로 인한 피해를 보상하는 보험
화재 보험: 화재 사고로 인한 재산상의 손실에 대비하는 보험

사람들은 대부분 한두 개 이상의 보험에 가입하고 있어요.
그렇다면 사람들이 주로 가입하는 보험에는 어떤 것들이 있을까요?

암 보험

암은 사람의 목숨을 앗아갈 수 있는 위험한 질병이에요. 치료비도 많이 들지요. 그뿐만 아니라 치료를 받는 동안 일을 할 수 없기 때문에 소득이 줄어들 수밖에 없어요. 이런 위험에 대비하기 위해 사람들은 암 보험에 가입하죠.

자동차 보험

자동차는 우리 생활을 편리하게 해 주지만 동시에 위험한 물건이기도 해요. 자동차 사고로 사람이 다치거나 물건이 부서지는 경우 또는 내 차가 고장 날 때를 대비해서 자동차 보험에 가입해요.

화재 보험

집은 소중한 재산 중 하나예요. 그런데 집에 불이 난다면 큰 재산 피해를 입겠죠? 옆집이나 윗집, 아랫집에 불이 번져 다른 사람들의 재산에 피해를 줄 수도 있어요. 화재 보험으로 이런 상황을 미리 대비할 수 있답니다.

독특한 보험들도 있어요. 여러분은 UFO와 외계인이 실제로 존재한다고 믿나요? 미국의 세인트 로렌스 보험사에서는 UFO에 납치될까 걱정하는 사람들을 위해 'UFO 납치 보험'을 만들었어요.

이 보험에 가입한 사람은 외계인에게 납치될 경우 1,000만 달러를 보험금으로 받을 수 있어요. 물론 아직까지 보험금을 받은 사람은 없다고 하네요.

축구를 사랑하는 잉글랜드에서는 월드컵에서 잉글랜드가 예선 탈락할 경우 보험금을 지급하는 월드컵 예선 탈락보험이 만들어지기도 했어요.

교과 연계

4학년 2학기 사회	02. 필요한 것의 생산과 교환
5학년 실과	06. 일과 직업 탐색
6학년 도덕	02. 작은 손길이 모여 따뜻해지는 세상
6학년 도덕	04. 공정한 생활
6학년 1학기 사회	02. 우리나라의 경제 발전

4장
기업가 정신

CEO | 다국적 기업 | 스타트업 | 독과점 | AS와 리콜 | 사회적 기업 | 인수 합병 | 마케팅

기업은 경제와 금융에 있어서 반드시 필요한 존재예요. 기업은 경제 활동에서 반드시 필요한 주체 중 하나인 만큼 사회에 큰 영향을 끼칠 수밖에 없어요. 그만큼 능력 있는 사람들이 운영을 해 나가야 하고 기업 자체도 사회적 책임을 져야 하지요.

CEO

CEO는 뭐 하는 사람이에요?

CEO(Chief Executive Officer) : 기업에서 최고 의사 결정권을 가진 최고 경영 책임자

CEO는 기업을 이끄는 최고 경영자이자 전문 경영인이에요. 최고 경영자를 뜻하는 영어 단어인 'Chief Executive Officer'의 줄임말이지요. 회사의 일이 진행되는 데 중요한 사항을 결정하는 이사회에서 누가 CEO를 맡을지 결정하지요.

근엄

책임이 무거운 자리!

CEO는 기업의 발전과 성장을 이끄는 중요한 사람이에요. CEO는 자신의 돈으로 회사를 세운 사장이 직접 맡기도 하지만 일반적으로 경영 경험이 많은 전문가가 맡아요. 회사가 앞으로 어떻게 사업을 할지 계획하거나 회사를 관리하고 업무를 지휘하는 것은 전문적인 일이거든요.

또한 CEO는 직원들의 성과를 평가하고, 사람들을 고용하거나 해고하는 등 회사의 모든 일을 책임지고 관리해요. 회사의 성공과 실패에 매우 큰 영향을 미치는 중요한 역할을 바로 CEO가 담당하고 있지요.

이쪽입니다~

CEO도 회사에서 고용한 사람이기 때문에 월급을 받아요. 그리고 만약 회사 운용을 잘하지 못하면 해고되거나 다른 CEO로 교체되기도 해요. 그렇게 되면 해고된 CEO는 다른 회사의 CEO 자리를 알아봐야겠죠?

이번 달도 고생하셨어요~

월급

CFO는 재무 총괄 책임자!

CEO와 비슷해 보이는 CFO는 기업에서 재무를 담당하는 중요한 직책입니다. 재무 총괄 책임자를 뜻하는 영어 단어인 'Chief Financial Officer'의 줄임말이지요. CFO는 기업의 자금이나 예산 같은 재무 상태를 책임지는 등 돈의 흐름과 관련된 일을 해요. 예를 들어 회사가 어디서 돈을 벌고 어디에 쓰는지, 적절한 투자를 하고 있는지, 돈을 잘 관리하고 있는지 등을 살펴보지요. 또 기업의 성장을 위해 다양한 전략을 세우기도 합니다. CFO는 기업의 재무에 관한 모든 것을 잘 아는 전문가로서 기업이 재정적으로 잘 운영되도록 노력해요.

다국적 기업

각 나라마다 고객들이 있는 기업

다국적 기업 : 여러 나라에 계열 회사를 거느리고 세계적 규모로 생산 및 판매하는 대기업

기업 중에서 가진 돈이나 직원들의 수가 많은 기업을 대기업이라고 하지요.

대기업 중에서도 세계 여러 나라에 회사를 두고 세계적인 규모로 물건을 만들고 판매하는 기업을 다국적 기업이라고 해요. 국제 기업 또는 세계 기업이라고도 하지요. 쉽게 이야기하면 전 세계를 대상으로 사업을 하는 기업이랍니다.

우리는 자랑스러운 세계 기업!

여러분이 잘 알고 있는 '구글', '마이크로소프트', '코카콜라', '나이키', '애플'과 같은 기업들이 모두 다국적 기업이에요.

코카콜라

나이키

애플

우리나라의 '삼성전자', 'LG전자', '현대자동차'도 다국적 기업이지요.

다국적 기업은 전 세계를 대상으로 사업하기 때문에 매출액이나 수익의 규모도 어마어마하다고 해요.

수익의 규모가 엄청나! 매출, 이익

빅맥 지수

빅맥 지수란 전 세계 맥도날드에서 판매하는 빅맥의 가격을 이용하여 여러 나라의 물가를 비교하는 지표를 말하지요. 여러 나라의 물가를 비교하기 위해서는 각 나라에서 똑같은 제품이 얼마에 팔리는지 확인해야겠죠? 그래서 세계 어느 곳을 가더라도 찾아볼 수 있는 다국적 기업 맥도날드의 빅맥을 기준으로 삼은 거예요. 2022년 빅맥 지수 1위는 스위스(6.98달러), 2위는 노르웨이(6.39달러), 3위는 미국(5.81달러)이었어요. 우리나라는 3.82달러로 27위였어요.

스타트업

이제 막 걸음마를 떼는 기업

스타트업 : 독창적인 제품이나 서비스를 시장에 제공하기 위해 설립된 신생 기업

스타트업(Startup) 기업이란 창립한 지 얼마 되지 않은 신생 기업을 뜻하는 단어예요. 지금은 다국적 기업으로 성장한 '애플', '구글', '아마존' 같은 회사들도 처음에는 스타트업 기업이었답니다.

스타트업 기업은 이제 막 설립되어 규모는 작지만, 시장에 혁신적인 재화와 서비스를 제공하려 하지요.

많은 사람들이 스타트업 기업을 만들어 자신의 아이디어를 사업으로 구현하고 있어요. 애플과 구글도 처음에는 차를 보관하는 차고에서 시작했다고 하지요?

굿 아이디어!

처음부터 대기업으로 시작하는 기업은 없어요. 지금 생겨나는 스타트업 기업들이 몇 년 뒤에는 세계적인 기업이 될지도 모르겠네요!

여러분이 스타트업 기업 창립자라면 어떤 아이디어로 사업을 시작하고 싶나요?

 유니콘 기업

신화에 나오는 유니콘을 알고 있나요? 머리에 뿔이 달린 말인 유니콘은 실제로는 존재하지 않는 동물이지요. 스타트업 기업 중 기업의 가치가 10억 달러(1조 원)가 넘는 기업을 유니콘 기업이라고 불러요. 마치 유니콘처럼 전설 속에서나 존재할 수 있다는 의미죠. 하지만 유니콘과 달리 유니콘 기업은 실제로 여러 개나 탄생했답니다.

독과점

어차피 우리 물건을 살 수밖에 없을걸!

독과점 : 독점과 과점을 아울러 이르는 말

독과점은 독점과 과점을 합친 단어예요.

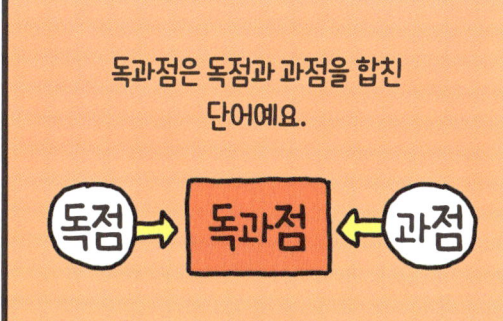

독점은 한 기업이 아무런 경쟁자가 없이 재화나 서비스를 판매하며 이익을 독차지하는 것을 뜻해요.

독점

과점은 몇 개의 소수 기업이 이익을 대부분 차지하는 상태를 뜻하죠.

과점

자유 시장 경제의 원리에 따라 여러 기업이 자기 물건을 팔기 위해 서로 경쟁해야 가격이 낮아지고 품질도 더 좋아지겠죠? 그런데 독과점이 발생하면 기업의 경쟁자가 적거나 없기 때문에 재화나 서비스의 가격이 높아져요.

특히 독점의 경우 가격을 한 회사가 마음대로 정할 수 있기 때문에 가격이 높아도 소비자는 울며 겨자 먹기로 물건을 구매할 수밖에 없어요. 그 회사의 물건을 구입하는 것밖에는 달리 방법이 없으니까요.

이건 우리만 파니까 비싸게 팔아야지~

치사해!

결국 독과점은 재화와 서비스의 가격은 높아지고 품질은 낮아지는 결과를 낳는답니다.

 **옥쌤 경제상식** ## 치킨 가격이 내려가지 않는 이유?

치킨을 만드는 데 가장 중요한 재료는 바로 닭고기예요. 우리나라에는 닭고기를 파는 회사가 10~20개 있죠. 그런데 이 회사들이 12년 동안 닭고기 가격을 담합한 사실이 드러났어요. 가격 담합이란 기업들이 서로 짜고 가격을 결정하는 것이에요. 기업의 이윤을 많이 남기기 위해 닭고기 가격이 떨어지는 것을 막은 거죠. 결국 10년이 넘는 기간 동안 소비자들은 비싼 값을 주고 닭을 살 수밖에 없었어요. 나라에서는 담합을 한 기업들에게 많은 과징금을 부과했어요.

AS와 리콜
구매한 뒤에도 기업의 책임이 있어요

AS(After Service) : 상품을 판 뒤 제조업자가 그 상품의 설치·수리·점검 등을 책임지는 일
리콜 : 어떤 상품에 결함이 있을 때 생산 기업에서 그 상품을 회수하여 점검·교환·수리하는 제도

소비자가 기업의 상품을 구매한 뒤 상품에 문제가 생기면 그 기업에서 책임을 져야 해요.
제품에 문제가 있을 때 기업이 책임지는 방법 중 대표적인 것이 AS와 리콜이지요.

AS는 'After Service'의 줄임말이에요. 상품을 판 뒤에 물건을 만든 기업이 그 상품의 설치나 수리, 점검을 책임지는 것이죠. 여러분의 휴대 전화가 고장 났을 때 수리를 받는 곳이 있는 이유도 기업에서 AS를 이용할 수 있도록 만들었기 때문이에요.

리콜은 어떤 상품에 문제가 있을 때 그 상품을 기업에서 다시 가져간 뒤 수리하거나 교환해 주는 제도예요. 자동차를 판매한 뒤 부품에 문제가 있다는 사실이 뒤늦게 발견되면 자동차 회사에서는 판매한 자동차의 부품을 무료로 교체하거나 아예 새 제품으로 바꾸어 주기도 해요.

소비자가 어떤 기업의 제품으로 피해를 입었다면 당연히 그 기업에서 보상해야겠죠? AS와 리콜 모두 소비자의 권리를 보호하기 위한 제도랍니다.

그런데 소비자 보호 제도를 악용해 기업을 괴롭히는 소비자도 있어요. 기업의 제품 때문에 자신이 피해를 입은 것처럼 꾸며 보상을 받아 내려고 하죠. 이처럼 구매한 상품에 문제가 있는 것처럼 꾸며 기업에 보상을 요구하는 소비자를 블랙 컨슈머(Black Consumer)라고 해요.

블랙 컨슈머는 배달 음식에 자신의 머리카락을 넣고 보상을 요구하거나 여러 번 입어 낡은 옷을 교환해 달라며 억지를 부리지요.

이와 반대로 소비자의 정당한 권리를 정직하게 요구하고 사회적 책임을 다하는 소비자를 화이트 컨슈머 (White Consumer)라고 이야기해요. 사회에 공헌하는 기업의 제품이나 공정 무역으로 생산한 제품을 소비하는 사람뿐만 아니라 특정 기업에 충성하는 고객도 화이트 컨슈머라고 할 수 있어요.

사회적 기업

사회적 가치를 추구하는 기업

사회적 기업: 이윤 추구뿐만 아니라 고용 창출이나 사회 서비스 제공 같은 사회적 목적을 추구하며 영업 활동을 하는 기업 또는 조직

기업의 목적은 바로 이윤을 많이 내는 것이에요. 그래서 기업은 물건을 많이 팔면서 물건을 만들 때 들어가는 돈을 줄이려고 하죠.

그런데 기업들 중에 이윤을 내는 동시에 사회적으로 가치 있는 일을 목적으로 추구하는 회사도 있어요. 우리는 이런 기업을 사회적 기업이라고 부르죠.

사회적 기업은 생활이 어려운 사람들에게 일자리를 제공하거나 사회적으로 어려움을 겪는 사람들에게 필요한 재화와 서비스를 만드는 일을 해요. 그래서 사회적 기업은 나라에서 지원을 많이 받기도 하죠.

사회적 기업이 노벨 평화상을 받은 적도 있어요. 방글라데시의 경제학자이자 사회 운동가인 무함마드 유누스는 1983년에 그라민은행을 세웠어요. 그라민은 벵골어로 '시골' 또는 '마을'이라는 뜻이에요. 그라민은행은 가난한 사람들에게 빚을 갚지 못했을 때 돈 대신 은행이 가져가는 재산인 담보 없이 돈을 빌려주었어요. 가난한 사람들을 위해 일하는 사회적 기업이었던 거죠.

유누스와 그라민은행은 가난을 없애는 데 노력한 공을 인정받아 2006년 노벨 평화상의 공동 수상자로 선정되었답니다.

인수 합병

기업이 기업을 산다?

인수 합병: 기업이 다른 기업을 합병하거나 매수하는 일

전자 제품을 파는 회사가 옷을 만드는 사업을 새로 하고 싶다면 처음부터 모든 것을 새로 시작해야 해요.

하지만 이미 옷을 만들어 팔고 있는 회사를 우리 회사로 만든다면 일이 더 쉬워지겠죠. 이처럼 여러 기업이 하나의 기업으로 합쳐지는 것을 기업끼리 인수 합병(M&A)을 했다고 말해요.

M&A(Mergers and Acquisitions)는 기업의 인수와 합병을 나타내는 영어 단어예요. 기업을 인수한다는 것은 한 기업이 다른 회사의 재산이나 주식을 사들여 권리를 차지하는 것을 의미해요. 기업의 합병은 2개 이상의 기업이 합쳐져서 새로운 기업이 탄생하는 것이죠.

 **옥쌤 경제상식** ## 구글의 인수는 신의 한 수?

2006년 10월 세계적인 검색 서비스 기업인 구글은 한 회사를 인수했어요. 바로 전 세계 사람들이 즐겨 사용하는 동영상 사이트 유튜브(YouTube)였지요. 구글은 유튜브를 사들이며 온라인 동영상 사업에 본격적으로 뛰어들었죠. 이때 구글이 유튜브를 인수하기 위해 16억 5,000만 달러, 우리나라 돈으로 2조 원 정도를 사용했어요. 어마어마한 돈이지만 이후 유튜브를 통해 구글이 엄청난 광고 수익을 내기 시작하며 매우 성공적인 인수로 평가받고 있어요. 구글은 지금까지 100개가 넘는 기업들을 인수했다고 하네요.

마케팅

물건을 사게 만드는 기술

마케팅 : 소비자를 대상으로 고객을 창조하고 유지 및 관리함으로써 고객을 모으고 판매를 촉진하는 모든 활동

여러분이 구매하는 모든 물건과 서비스에는 다양한 마케팅이 숨어 있다는 사실을 알고 있나요? 마케팅이란 기업에서 만든 물건이나 서비스를 소비자가 이용하도록 하는 여러 가지 전략을 의미해요.

특히 소비자에게 상품을 어떻게 홍보할 것인지가 마케팅의 큰 부분을 차지하고 있죠.

길거리나 휴대 전화, 텔레비전 등에서 보는 다양한 광고들이 여러분이 찾아보기 가장 쉬운 마케팅 방법이에요.

예전에는 주로 텔레비전 광고를 마케팅에 이용했지만 요즘은 소셜 미디어나 PPL을 활용하는 등 다양한 마케팅 방법을 사용하고 있어요.

PPL(Product Placement)이란 특정 기업의 제품을 직접 광고하는 대신 드라마나 예능에서 소품처럼 사용하는 광고 방식이에요.

드라마나 예능 프로에서 뜬금없이 회사의 이름이나 제품 이름이 보이도록 음식을 먹거나 제품을 사용하는 모습을 본 적 있나요? 그것이 바로 PPL 광고예요. 자연스럽게 시청자에게 기업의 제품을 소개할 수 있는 방법이라 많은 기업에서 활용하고 있지요. 하지만 너무 억지스럽게 제품을 사용하는 경우 오히려 부정적인 이미지가 생기기도 해요.

교과 연계

4학년 1학기 수학	03. 곱셈과 나눗셈
4학년 2학기 사회	02. 필요한 것의 생산과 교환
6학년 1학기 사회	01. 우리나라의 정치 발전
6학년 1학기 사회	02. 우리나라의 경제 발전
6학년 2학기 사회	01. 세계 여러 나라의 자연과 문화

5장

국가와 돈

세금 | 세금의 종류 | 시대에 따라 달라지는 세금 | 부가 가치세 | 세금을 걷는 방법 | 연말 정산 | 관세 | FTA | 사회 보험 | 국내 총생산 | 기획 재정부

경제의 중요한 요소 중 하나는 세금이에요. 세금은 나라에서 관리를 하지요. 세금은 종류도 많고 복잡할 수 있어요. 하지만 세금의 의미부터 종류, 그리고 나라 간 세금까지 차근차근 알아간다면 세금이 조금은 쉬워질 거예요.

세금

왜 세금을 내야 하나요?

세금 : 나라의 운영에 필요한 비용을 국민 각자가 분담하여 납부하는 금전 또는 재화

만약 여러분이 친구들과 여행을 가기로 한다면 누가 여행 비용을 내야 할까요?
물론 한 사람이 돈을 낼 수도 있겠지만 보통은 여행을 가는 친구들이 모두 돈을 보탤 거예요.
나라를 운영하는 데 필요한 돈을 마련하는 방법도 같아요. 나라의 주인인 국민이 돈을 내고 있지요.
나라에 필요한 돈을 국민이 회비처럼 내는 돈을 세금이라고 불러요.

세금이란 나라에 필요한 돈을 마련하기 위해 국민으로부터 강제로 걷는 돈이에요. 나라의 살림을 꾸리기 위해서는 반드시 세금이 필요해요. 길가에 가로등을 켜는 것도, 군대를 유지하는 것도, 교실에 새로운 TV를 놓는 것도 다 세금이 있어 가능한 일이죠. 만약 세금을 내지 않거나 적게 내려고 거짓말을 하면 법적으로 처벌을 받을 수 있어요.

한 해 동안 우리나라 살림을 하는 데 무려 600조 원이 넘는 어마어마한 돈이 필요하다고 해요. 이를 우리나라 인구수인 약 5,000만 명으로 나누면 한 사람당 매년 1,200만 원 정도의 세금을 내고 있는 셈이지요.

그런데 세금이 없는 나라가 있다면 믿겨지나요? 사실 세금이 없는 나라는 멀지 않은 곳에 있어요. 바로 북한이죠. 북한은 1974년부터 모든 세금 제도를 폐지했어요. 세금을 내지 않아도 된다니 좋아 보이지 않나요?

하지만 실제로 북한에서는 모든 기업, 공장, 가게가 국가의 것이라서 여기서 생긴 소득이 모두 국가의 돈이에요. 국가에서 필요한 돈을 먼저 가져가고 남은 돈을 국민에게 나누어 주고 있지요. 세금이라는 말만 쓰지 않을 뿐이지 사실상 세금을 엄청 많이 내고 있는 것이라고 볼 수 있겠네요.

세금의 종류

세금에는 어떤 것들이 있어요?

소득세: 벌어들인 돈에 매기는 세금
재산세: 가지고 있는 재산에 부과하는 세금
상속세: 물려받는 재산에 매기는 세금
증여세: 나라에서 정한 금액 이상을 다른 사람이나 가족에게 줄 경우 매기는 세금

우리가 내는 세금의 종류는 엄청나게 다양해요. 그래서 세금의 종류를 모두 기억하기는 힘들지요. 그래도 여러분이 평소에 자주 듣게 될 세금의 종류 몇 가지만 알아볼까요?

먼저 소득세가 있어요. 소득세란 사람들이 벌어들인 돈에 매기는 세금이에요. 그래서 돈을 많이 벌수록 더 많은 세금을 내도록 되어 있어요.

다음으로 재산세가 있어요. 내가 가지고 있는 재산에 부과되는 세금이죠. 보통 주택이나 아파트 같은 집의 가격에 따라 세금을 매겨요.

상속세라는 세금도 있어요. 만약 부모님이 돌아가셔서 자녀가 부모님의 재산을 물려받게 되면 그 재산에 매기는 세금이죠.

증여세도 있어요. 증여는 물품이나 돈을 선물로 준다는 뜻인데 나라에서 정한 금액 이상을 다른 사람이나 가족에게 줄 경우 세금을 내야 할 수도 있어요.

그 외에도 법인세 등 여러 가지 다양한 세금들이 있답니다!

법인세   환경세   부가 가치세

연봉이 10억 원인 야구 선수는 소득세를 얼마 낼까?

신문 기사를 보면 야구 선수들이 10억 원 이상의 연봉을 받는다는 소식이 실려 있어요. 10억 원을 열두 달로 나누면 월급이 8,000만 원이 넘지요. 그런데 연봉 10억 원을 받는 야구 선수는 약 4억 5,000만 원 정도의 돈을 세금으로 내야 한답니다. 그래서 실제로 받는 돈은 5억 5,000만 원 정도죠. 세금으로 내는 돈이 생각보다 많죠? 우리나라에서는 소득이 높을수록 더 높은 비율로 세금을 매기는 누진세가 있기 때문이에요.

시대에 따라 달라지는 세금

이런 것도 세금이라고요?

환경세: 오염, 탄소 배출, 연료 소비, 폐기물 생산 및 처리, 자동차 운송 등에 매기는 세금

사람들이 벌어들인 돈에 따라 세금을 걷는다고 했지요? 그런데 시대와 나라에 따라 독특하고 재미있는 세금이 있어요.

17세기 영국에서는 창문의 개수에 따라 세금을 걷었다고 해요. 당시에는 유리가 고가여서 유리창은 부의 상징이었기 때문이지요. 하지만 사람들은 세금을 덜 내기 위해 창문을 막아 버리거나 아예 창문이 없는 집을 지었어요.

그래서 집에 햇빛과 바람이 들어오지 않아서 건강에 이상이 생기는 사람도 많아졌다고 하네요.

18세기 프랑스의 국왕 루이 15세는 세금을 더 많이 걷고 싶었어요. 그래서 생각해 낸 것이 바로 '공기세'였죠. 공기세는 숨을 쉬기 위해 공기를 사용하는 사람이 내야 하는 세금이었죠. 숨을 쉬지 않는 사람은 아무도 없으니 모든 사람이 세금을 내야 했어요.

루이 15세는 세금을 더 많이 걷을 수 있어서 좋아했겠지만 대부분의 국민은 엄청나게 반대했죠. 결국 공기세는 얼마 가지 못하고 사라졌답니다.

 **옥쌤 경제 상식** ## 수염을 기르면 세금을 내야 한다?

17세기 러시아의 표트르 대제는 귀족들에게 수염을 짧게 자르라고 했어요. 발전한 나라들에서는 사람들이 수염을 기르지 않기 때문이었죠. 하지만 그 당시 러시아 귀족들은 수염을 부의 상징으로 생각했기 때문에 쉽게 수염을 깎지 않았어요. 그래서 표트르 대제는 수염 기르는 것을 허락하는 대신 수염이 길수록 세금을 더 내도록 했어요. 수염세를 걷기 시작한 것이죠. 그제야 수염을 자르는 귀족이 점점 늘었다고 해요.

부가 가치세

여러분도 세금을 내고 있어요!

부가 가치세: 물건을 사거나 돈을 내고 서비스를 이용했을 때 지불하는 가격에 부과하는 세금

여러분은 아직 학생이라 돈을 벌지 않고 있어요.
그래서 직접 세금을 내지는 않죠.
하지만 여러분도 모르게 내는 세금이 있답니다.
바로 부가 가치세라는 세금이에요. 부가세라고도 하지요.
어른들만 세금을 내는 것이 아닙니다.
여러분도 마트나 문구점에서 물건을 살 때마다
부가 가치세를 내고 있어요.

우리나라에서는 물건 가격의
10퍼센트를 부가 가치세로 매겨요.
만약 여러분이 1,000원짜리 공책을 한 권 산다면
100원을 부가 가치세로 내야 해서
1,100원을 주고 공책을 사게 돼요.
그런데 여러분 머릿속에 세금을 따로 낸
기억은 없을 거예요.

왜냐하면 여러분이 사는
물건의 가격에는 대부분 이미
부가 가치세가 포함되어 있거든요.
여러분이 물건을 사고 받은
영수증을 잘 살펴보면
내가 낸 부가 가치세 금액을
확인할 수 있어요.

 **전기세는 세금일까?**

한두 달에 한 번씩 여러분 집에서 사용한 만큼의 전기세와 수도세를 낸다는 말을 들어 봤을 거예요. '세'라는 단어 때문에 마치 세금처럼 보이지만 사실 전기세와 수도세는 세금이 아니에요. 세금은 나라의 살림을 위한 돈을 마련하려고 국민으로부터 강제로 걷는 돈이에요. 그러니 자신이 전기와 물을 쓴 만큼 내는 돈은 세금이 아니죠. 전기 요금과 수도 요금이 정확한 표현이랍니다.

세금을 걷는 방법

세금은 어떻게 내는 걸까?

원천 징수 : 근로자가 내야 할 세금을 사업자가 급여에서 미리 징수하여 대신 내는 세금 징수 방법
종합 소득세 : 1년 동안 번 돈의 액수에 따라 계산한 세금

미국의 정치인 벤저민 프랭클린은 삶에서 피할 수 없는 것 두 가지가 죽음과 세금이라고 이야기했어요. 세금은 나라 살림에 꼭 필요한 돈이기 때문에 나라에서는 세금을 정확하게 걷어 가려고 하죠. 그러면 사람들은 세금을 내기 위해 돈을 찾아 시청이나 국세청으로 가야 할까요? 그러지 않아도 된답니다.

사람들이 세금을 내는 방법은 크게 두 가지가 있어요. 먼저 직장에서 월급을 받는 사람들은 세금을 원천 징수라는 방법으로 내고 있어요. 원천 징수란 직원들에게 월급을 주는 회사에서 직원들이 내야 할 세금만큼의 돈을 미리 떼고 월급을 준 뒤, 회사에서 세금을 납부하는 방법이에요. 만약 내가 월급을 받는 사람이라면 세금을 직접 낼 필요가 없지요.

하지만 직접 가게를 운영하는 자영업자나 프리랜서는 1년에 한 번 직접 세금을 계산해서 내야 해요. 이렇게 1년에 한 번 계산해서 내는 세금을 종합 소득세라고 해요.

우리나라에서는 매년 5~6월에 종합 소득세를 내도록 하고 있어요.

복잡한 세금 계산을 대신해 드립니다!

세금은 나라의 살림을 위해 꼭 필요한 것이지만 종류가 너무 다양하고 계산법도 복잡하기 때문에 일반인이 세금 계산을 직접 하기는 쉽지 않아요. 특히 사업하는 사람들은 세금 계산을 잘못했다가 과태료를 내야 하는 일도 생겨요. 챙겨야 할 서류도 엄청나게 많죠. 그래서 이렇게 복잡한 일을 대신하는 사람에게 세금 계산을 부탁하기도 해요. 바로 세무사라는 직업을 가진 사람들에게 말이죠. 세무사는 세금을 얼마나 내야 하는지 계산해 주기도 하고 세금을 적게 낼 수 있는 방법도 알려 준답니다. 물론 그만큼 보수를 내야 하지만 어렵고 복잡한 세금 계산 때문에 생기는 수고와 스트레스를 줄이려고 세무사에게 맡기는 사람들이 많아요.

연말 정산

세금을 더 내거나, 돌려받거나!

연말 정산 : 한 해 동안 원천 징수한 세금을 실제 소득과 지출을 비교해 다시 돌려주거나 더 걷어 가는 일

회사에서 월급을 받는 사람들의 세금은 회사에서 원천 징수하여 납부하고 있어요. 이때 원천 징수하는 세금은 간이 세액표를 가지고 계산해요. 이 표는 소득과 가족 수에 따라 납부할 금액을 정해 놓은 임시 계산표예요.

하지만 세금을 계산하는 방법은 복잡해서 이 간이 세액표대로 계산하여 1년간 원천 징수한 세금은 실제로 내야 할 세금보다 많거나 적을 수 있어요.

그래서 1년에 한 번씩 연말에 사람들이 내야 할 세금을 정확히 계산하기 위해 만든 제도가 연말 정산이에요.

세금을 더 많이 낸 사람에게는 더 낸 세금만큼 돈을 돌려주고,

세금을 덜 낸 사람에게는 덜 낸 세금만큼 돈을 더 걷는 것이죠.

사람들은 연말 정산 뒤 돌려받는 세금을 '13월의 월급'이라고 이야기하기도 해요.

사람들이 번 돈 중 세금을 내지 않아도 되는 돈으로 쳐주는 경우가 있어요. 이것을 어려운 말로 소득 공제라고 하죠. 공제란 세금을 줄인다는 뜻이에요.
여러분이 100만 원을 벌었다면 100만 원에 해당하는 세금을 내야 해요. 하지만 이때 10만 원의 소득 공제를 받는다면 100만 원에서 10만 원을 뺀 90만 원에 대한 세금만 내면 돼요. 만약 30만 원의 소득 공제를 받았다면 70만 원에 대한 세금만 내면 되겠죠.

이외에 세액 공제도 세금을 줄이는 방법이에요.
소득 공제가 기초 공제, 부양가족 공제, 의료비 공제 등 총소득에서 해당 비용을 제외한다면, 세액 공제는 산출된 세액에서, 정책적으로 일정액을 공제하고 납부할 세금을 정한답니다.

관세

다른 나라 물건에 매기는 세금?

관세: 외국으로 수출하거나 외국에서 수입되는 상품이 관세 영역을 통과할 때 부과되는 조세

해외여행을 가면 똑같은 물건인데 우리나라보다 훨씬 싼 가격에 파는 물건이 있어요. 외국에서 만든 물건이 그 나라보다 우리나라에서 더 비싼 이유는 관세가 붙기 때문이에요.

관세란 우리나라에 들어오는 물건에 매기는 세금이에요.

관세를 매기는 이유는 우리나라에서 물건을 만드는 회사나 사람들을 보호하기 위해서예요. 자국의 상품보다 싼값에 들여온 외국 상품으로부터 자국의 산업을 보호해야 하니까요.

과자를 예로 들어 볼까요? 똑같이 1,000원인 초코 과자가 있다고 생각해 봅시다. 우리나라에서 만든 과자는 관세를 매기지 않으니 그대로 1,000원에 팔리겠죠? 하지만 외국에서 들어오는 과자에 10퍼센트 관세를 매기면 외국 초코 과자의 가격은 1,100원이 돼요.

비슷한 초코 과자이고 맛이나 양에 별 차이가 없다면 사람들은 더 싼 우리나라 초코 과자를 사 먹겠죠? 관세는 우리나라 초코 과자가 더 많이 팔리도록 유리한 상황을 만들어 주는 역할이기도 해요.

이처럼 관세는 우리나라의 산업을 보호하려는 목적이 있어요. 하지만 이 때문에 나라끼리 무역을 할 때 관세가 논쟁 거리가 되기도 한답니다.

 ## 세금을 내지 않는 가게

여러분이 사고 있는 물건에는 다양한 세금이 포함되어 있어요. 그런데 세금이 포함되지 않은 가격으로 물건을 파는 가게가 있어요. 바로 면세점이지요. 세금을 붙이지 않으니 다른 가게들보다 물건의 가격이 저렴하답니다. 하지만 아무 때나 면세점을 이용할 수는 없어요. 면세점은 공항의 출국장 등에만 있기 때문이죠. 그리고 한 사람이 살 수 있는 면세 물건의 가격이나 개수도 정해져 있답니다.

FTA
관세 없이도 무역을 해요!

FTA : 둘 이상의 나라가 서로 수출입 관세와 시장 점유율 제한 등의 무역 장벽을 제거하여 무역을 자유롭게 하는 협정

관세는 나라와 나라 간에 물건을 수출하고 수입하는 데 걸림돌이 되기도 합니다. 그래서 나라와 나라 간에 관세를 적게 매기거나 없애자고 약속하기도 해요. 우리는 이 약속을 FTA, 즉 자유 무역 협정이라고 하죠.

우리나라는 2004년 4월 칠레와 첫 자유 무역 협정을 맺었어요. 우리나라의 자동차를 칠레에 수출할 때를 비롯해 칠레의 돼지고기나 포도를 수입할 때 세금을 없애거나 줄이기로 약속했어요.

이 약속 덕분에 우리는 이제 마트에서 저렴한 칠레산 돼지고기를 쉽게 만날 수 있게 되었어요.

그리고 칠레의 도로에서 우리나라 브랜드의 자동차를 어렵지 않게 볼 수 있죠.

2023년 우리나라는 칠레뿐만 아니라 미국, 캐나다, 호주 등 59개국과 FTA를 맺고 있어요.

 옥쌤 경제상식 : 여행지에서 산 물건도 세금을 내야 할까?

외국의 물건이 우리나라에 들어올 때는 무조건 관세를 내야 해요. 그렇다면 개인이 해외여행에서 산 물건을 우리나라에 가져올 때는 어떻게 될까요? 원칙적으로는 여행을 다녀올 때 외국에서 사 온 물건도 모두 관세를 내야 해요. 하지만 이때 800달러(약 100만 원)까지는 세금을 내지 않아도 괜찮아요. 1,000달러어치 물건을 사 왔다면 800달러어치는 세금을 내지 않고 나머지 200달러에 대한 관세를 내야 하죠. 술이나 향수, 담배 같은 물건은 정해진 개수까지는 세금을 내지 않아도 돼요.

사회 보험

나라에서 관리하는 보험

사회 보험: 출산, 양육, 실업, 은퇴, 장애, 질병, 사망 따위의 사회적 위험에 대비하여 국가 및 지방 자치 단체가 보장하는 강제적인 성격의 보험

보험은 위험에 대비하기 위해서 개인이 가입합니다. 그래서 보험에 가입하고 싶지 않으면 안 해도 되죠.

하지만 직업이 있는 사람이라면 꼭 가입하도록 나라에서 정한 보험이 있어요. 우리는 이 보험을 사회 보험이라고 부르죠. 보험의 종류가 4개라서 4대 보험이라고 하기도 해요. 우리나라의 4대 보험은 국민 연금, 건강 보험, 고용 보험, 산재 보험이에요.

국민 연금은 나이가 들어 은퇴한 사람들에게 연금이라는 돈을 주어 생활할 수 있도록 만든 보험이에요.

건강 보험은 병원 진료비에 대한 국민의 부담을 줄이기 위한 보험이죠.

고용 보험은 일자리를 잃은 사람이 새로운 일을 구하는 기간 동안 생활비를 주기 위한 보험이에요.

산재 보험은 일을 하다 다친 사람에게 보상을 해 주기 위한 보험이에요. 4대 보험은 특정한 기준에 해당하는 사람이라면 무조건 가입해야 해요.

4대 보험은 특정 기준에 해당하면 무조건 가입해서 보험료를 내야 하지만 내가 혼자 내는 건 아니에요. 왜냐하면 내가 월급을 받는 회사에서 보험료를 함께 내 주거든요. 국민 연금, 건강 보험, 고용 보험 모두 회사와 내가 반반씩 보험료를 나눠 내도록 되어 있어요. 게다가 산재 보험은 회사에서 보험료 전액을 내야 하지요.

국내 총생산

우리나라는 얼마나 잘사는 나라일까?

국내 총생산(GDP, Gross Domestic Product) : 특정 기간 동안 국내에서 생산된 재화와 서비스의 시장 가치

국내 총생산(GDP)이란 경제의 세 주인공인 가계, 기업, 정부가 1년 동안 만들어 낸 재화와 서비스의 가치를 평가하여 합한 금액이에요. 쉽게 말해 우리나라의 경제 규모가 세계에서 몇 번째로 큰지 확인할 수 있는 숫자라는 뜻이죠.

2021년 우리나라의 GDP는 총 2,071조 원 정도예요. 전 세계 200개가 넘는 나라 중에 열 번째로 많은 금액이라고 하네요.

1위는 미국, 2위는 중국, 3위는 일본, 4위는 독일, 5위는 영국이에요.

GDP만 놓고 본다면 당연히 나라가 크고 인구가 많은 나라의 GDP가 더 높게 나오겠죠? 그래서 GDP를 인구 수로 나눈 1인당 GDP도 함께 확인해야 해요.

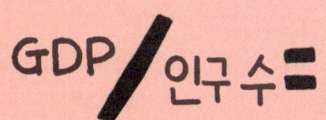 /  = 1인당 GDP

우리나라의 1인당 GDP는 4,500만 원 정도로 전 세계 24위라고 해요. 1인당 GDP 1위는 룩셈부르크, 2위는 아일랜드, 3위는 스위스, 4위는 노르웨이, 5위는 싱가포르예요.

도움을 받는 나라에서 도움을 주는 나라로

6·25 전쟁이 끝난 뒤 우리나라의 1인당 국민 소득은 76달러밖에 되지 않았어요. 세계에서 가장 가난한 나라 중 하나였죠. 폐허가 된 서울을 보고 맥아더 장군은 "이 나라를 다시 일으키는 데 적어도 100년은 걸릴 것"이라고 말할 정도였죠. 사람들은 전 세계에서 보내 준 구호 물품으로 생활했어요. 가난하고 먹을 것도 없었죠. 하지만 6·25 전쟁이 끝난 지 몇 십 년 만에 우리나라는 세계에서 가장 잘사는 나라 중 하나가 되었습니다. 이제 도움이 필요한 나라들을 도와주는 나라가 되었죠.

기획 재정부

우리나라의 돈을 관리하는 곳

기획 재정부: 국가의 경제 정책, 예산, 조세와 국고를 관리하고 총괄하는 중앙 행정 기관

우리나라 정부는 다양한 기관으로 구성되어 있어요. 여러분이 다니는 학교는 교육부에서 관리하고 국민의 안전과 관련된 일은 행정 안전부에서 관리하죠.
그렇다면 1년에 600조 원이 넘는 정부의 돈을 관리하는 곳은 어디일까요?

기획 재정부는 우리나라의 경제와 관련된 정책을 만들고 수행해요. 줄여서 '기재부'라고 부르기도 하죠. 기획 재정부에서는 1년 동안 세금을 어떻게 쓸 것인지를 계획하고 세금을 어떻게 걷을지도 관리해요. 관세나 FTA에 관한 일도 기획 재정부에서 하고 있어요.

나라의 경제와 관련된 일을 도맡아서 하는 중요한 자리이기 때문에 기획 재정부의 장관은 '경제 부총리'라는 역할을 함께 수행한답니다.

세금은 정부에서 기획 재정부를 만들어 관리할 정도로 나라를 운영하는 데 꼭 필요한 돈이에요.
세금을 내지 않는 사람은 어떻게 될까요?

세금은 국민이라면 반드시 내야 하는 돈이지만 세금을 내지 않는 사람들이 있죠. 그럴 때는 과태료라는 세금을 더 부과해요.

그런데도 세금을 내지 않으면 나라에서 끝까지 찾아가서 세금을 받아 냅니다. 이런 일을 하는 곳이 바로 국세청이에요. 물론 안 낸 세금이 많은 사람들을 우선으로 찾아가죠. 세금을 내지 않은 사람들의 집에 있는 TV나 소파 같은 물건을 가져와서 팔아 세금을 받아 내기도 한답니다.

교과 연계

4학년 2학기 사회	02. 필요한 것의 생산과 교환
5학년 1학기 사회	02. 인권 존중과 정의로운 사회
5학년 도덕	01. 바르고 떳떳하게
6학년 1학기 사회	02. 우리나라의 경제 발전
6학년 1학기 수학	04. 비와 비율
6학년 도덕	04. 공정한 생활

6장
생활 속 경제

예금자 보호 제도 | 최저 임금 제도 | 소비자 기본법 | 금융 실명제 | 보이스 피싱과 스미싱 | 대리 입금 | 폐기 화폐 | 위조 화폐 | 환율 | 환율 변동 | IMF 외환 위기 | 산업 혁명

누군가 다른 사람의 돈을 함부로 빼앗거나, 정당하지 않은 방법으로 거래를 하면 안 되겠죠? 경제 활동을 할 때에는 늘 조심해야 해요. 여러분들도 나중에 크면 일한 만큼 소득을 얻고, 다른 사람에 의해 강제로 잃은 돈을 돌려받을 수 있어야 해요. 여러분의 권리를 지키기 위한 개념들을 소개할게요.

예금자 보호 제도

은행도 망한다고요?

예금자 보호 제도: 금융 기관의 영업 정지나 파산 따위로 고객이 맡긴 예금을 반환받지 못할 경우를 대비하여 일정한 금액 내에서 고객의 예금을 보호하는 제도

사람들은 돈을 안전하게 보관하기 위해 은행에 맡겨요. 그런데 은행도 망하는 일이 가끔 생겨요.
내 돈을 맡겨 놓은 은행이 갑자기 망해 버린다면, 맡긴 돈은 어떻게 될까요?

은행이 망했을 때 내 돈을 못 찾는다면 은행에 돈을 맡기려는 사람 수가 줄어들겠죠?
그래서 법에 예금자 보호 제도를 만들어 두었어요.

예금자 보호 제도는 은행이 망하더라도 은행에 돈을 맡긴 사람들이 자신의 돈을 되찾을 수 있도록 하는
안전장치예요. 우리나라에서는 금융 기관 한 곳당 내가 맡긴 돈의 5,000만 원까지 보호해 줘요.

만약 내가 A 은행에 5,000만 원, B 은행에 5,000만 원을 저축해 두었다면 두 은행이 동시에 망하더라도
두 은행에서 5,000만 원씩 모두 돌려받을 수 있어요. 하지만 A 은행에 8,000만 원을 저축했는데
A 은행이 망한다면 8,000만 원 중 5,000만 원만 되찾을 수 있지요.

만약 내가 돈을 저축한 은행이 망할지도
모른다는 생각이 든다면 사람들은 어떻게 할까요?
당연히 내가 맡겨 둔 돈을 찾기 위해
은행으로 당장 달려갈 거예요.

은행에서 지급 준비율만큼
돈을 마련해 두더라도 한두 사람이 아니라
거의 모든 고객이 한꺼번에
돈을 찾으러 온다면 돈을 돌려줄 수가 없어요.
이렇게 은행이 고객들에게 돌려줄
돈이 바닥나 버리는 것을
뱅크 런(Bank Run)이라고 해요.
만약 은행 한 곳에서라도
뱅크 런이 일어난다면 사람들은
더 이상 은행을 믿지 못할 거예요.

최저 임금 제도

일을 하면 적어도 이만큼은 받아야 해요

최저 임금 제도 : 국가가 낮은 임금의 노동자를 보호하기 위하여 법으로 임금의 최저액을 정해 노동자의 생활을 보장하는 제도

사람이 먹고 자고 생활하려면 돈이 꼭 필요해요. 그래서 사람들은 직업을 갖고 일을 하며 돈을 벌고 있죠.

그런데 회사에서 받는 돈이 내가 생활하는 데 턱없이 부족한 수준이면 안 되겠죠? 그래서 최저 임금 제도라는 것을 나라에서 만들어 두었어요. 최저 임금 제도는 노동자가 생활을 유지하려면 적어도 이 정도 임금은 받아야 한다고 정하는 제도에요.

2023년 우리나라의 최저 임금은 시급 9,620원이에요. 일을 1시간 하면 적어도 9,620원은 받아야 한다는 뜻이죠.

만약 하루에 8시간 일을 한다면 적어도 7만 6,960원을 받아야 해요. 한 달에 209시간 일하면 월급으로 적어도 201만 580원을 받아야 하지요.

 **옥쌤 경제상식** ## 모래를 월급으로 줘서 일어난 정변

현대 사회의 사람들은 자신이 일한 대가를 돈으로 받고 있어요. 하지만 화폐가 널리 사용되기 전에는 월급으로 쌀과 같은 곡식을 받기도 했어요. 쌀로 밥을 지어 먹거나 필요한 물건과 교환할 수 있었기 때문이죠. 조선 시대에도 나라를 위해 일하는 군인들에게 쌀로 월급을 주었어요. 그런데 1882년, 나라에서 군인들에게 월급으로 준 쌀에 썩은 쌀 껍질과 모래가 섞여 있었어요. 가뜩이나 13개월 동안 월급을 받지 못했는데 겨우 받은 쌀이 이 지경이라니 얼마나 화가 났을까요? 결국 분노한 군인들은 폭동을 일으켰어요. 이 사건을 '임오군란'이라고 한답니다.

소비자 기본법

소비자 권리를 보호하라!

소비자 기본법: 소비자의 기본 권익을 보호하고 소비 생활의 향상과 합리화를 목적으로 하는 법률

내가 산 물건 때문에 피해를 입었다면 물건을 만든 회사에서 보상을 해 줘야 해요. 하지만 개인은 기업에 비해 힘이 약하기 때문에 나라에서 소비자를 보호할 수 있는 법을 만들어 두었어요. 바로 소비자 기본법이에요.

소비자 기본법에 나와 있는 소비자의 여덟 가지 권리는 다음과 같아요.

① 내가 산 물건에서 발생한 위험에서 안전할 권리
② 상품을 사용하다 발생한 피해에 대해 보상받을 권리
③ 상품을 고르는 데 필요한 지식과 정보를 알 권리
④ 상품을 살 때 가격, 상표, 장소를 자유롭게 선택할 권리
⑤ 안전하고 쾌적한 소비 생활 환경에서 소비할 권리
⑥ 합리적인 소비 생활을 하는 데 필요한 교육을 받을 권리
⑦ 소비자를 위한 단체를 만들고 활동할 권리
⑧ 국가의 정책에 소비자의 의견을 낼 수 있는 권리

 ## 소비자의 책임

권리에는 항상 책임이 함께해요. 소비자 기본법에는 소비자의 책임 다섯 가지도 들어 있답니다.
① 상품의 가격과 품질이 적당한지 생각해야 할 책임
② 소비자의 권리를 주장하고, 공정한 거래를 위해 행동할 책임
③ 부적절한 소비로 다른 사람의 기분을 상하게 하지 않을 책임
④ 환경을 오염시키는 물건을 사용하지 않고 자연환경을 보호할 책임
⑤ 소비자 문제 해결을 위해 함께 힘을 모을 책임

금융 실명제

돈거래는 실제 내 이름으로 해야 해요!

금융 실명제: 금융 거래의 정상화와 합리적 과세 기반을 마련하기 위해 실제 명의로 금융 거래를 하는 제도

여러분이 은행에서 통장을 만들고 싶다면 꼭 챙겨야 하는 준비물이 있어요. 바로 신분증과 도장이죠.

주민 등록증, 학생증, 청소년증, 여권과 같은 신분증이 없으면 은행에 가더라도 통장을 만들 수 없어요. 그 이유는 금융 실명제 때문이에요.

금융은 돈을 거래하는 일이고, 실명은 실제 이름을 뜻해요. 즉, 돈거래와 관련된 일은 자신의 이름으로만 할 수 있다는 뜻이죠. 금융 실명제는 본명이 아닌 이름으로 통장을 만들어 생기는 많은 범죄들을 예방하고자 1993년부터 시작된 제도예요.

물론 아직 성인이 아닌 여러분의 통장은 여러분의 부모님이 대신 만들 수 있어요. 하지만 부모와 자녀 관계를 증명하는 서류가 있어야 해요.

금융 실명제로 인해 내가 만든 통장과 카드에는 내 이름이 새겨져 있어요. 그런데 나쁜 범죄에 통장과 카드를 사용하려는 사람들은 자신의 이름이 적힌 통장과 카드를 쓰는 것을 싫어해요. 경찰에게 금방 들통이 나기 때문이죠. 그래서 범죄자들은 범죄에 사용하기 위해 다른 사람의 통장과 카드를 구하려고 하죠.

여러분도 통장만 빌려주면 돈을 주겠다는 말을 듣고 통장이나 카드를 다른 사람에게 주는 일이 없도록 해야 해요. 통장이나 카드를 빌려주는 것만으로도 3년 이하의 징역이나 2,000만 원 이하의 벌금에 처해질 수 있어요.

보이스 피싱과 스미싱

우리의 돈을 노리는 교묘한 범죄 ①

보이스 피싱: 통화로 개인 정보를 빼내 범죄에 사용하는 사기 수법
스미싱: 악성 웹사이트 주소가 포함된 휴대폰 문자를 전송해 링크를 누르면 악성 프로그램이 설치되어 개인 정보를 빼 가거나 자동 결제되도록 하는 금융 범죄

보이스 피싱(Voice Phishing)은 'Voice(음성)', 'Private data(개인 정보)', 'Fishing(낚시)'을 합해서 만들어진 용어예요. 은행, 보험사 또는 검찰청, 경찰서에서 전화한 것처럼 꾸며서 사람들의 개인 정보나 돈을 가로채는 범죄죠.

금융 기관에서는 절대 전화로 계좌 번호나 비밀번호 등을 물어보지 않아요. 반드시 전화로 나 또는 가족의 개인 정보를 알려 주지 않도록 조심해야 해요.

문자를 뜻하는 단어인 'SMS'와 'Phishing'을 합친 단어인 스미싱(Smishing)도 우리가 조심해야 할 범죄예요. 전화를 걸어 오는 보이스 피싱과 달리 스미싱은 문자나 메신저로 개인 정보를 훔쳐 가요.

스미싱을 예방하려면 모르는 번호로 받은 인터넷 주소 링크나 알 수 없는 설치 파일을 절대 열어 보면 안 돼요.

보이스 피싱 예방법과 대처법

1. 전화로 정부 기관이라며 자금 이체를 요구하면 일단 보이스 피싱을 의심해야 해요.
2. 모르는 번호로 메신저 친구 요청을 하거나 문자로 링크가 오더라도 섣불리 들어가면 안 돼요.
3. 문자나 메신저로 은행 애플리케이션 다운로드 유도는 보이스 피싱 의심!
4. 보이스 피싱이 의심되는 피해가 생기면 경찰청 112나 금융 감독원 1332에 신고해야 해요.
5. 출처가 불분명한 파일, 이메일, 문자는 즉시 삭제해요.

대리 입금

우리의 돈을 노리는 교묘한 범죄 ②

대리 입금 : 소셜 네트워크를 통해 소액을 높은 이자율로 단기간 빌려주는 행위

보이스 피싱이나 스미싱은 보통 어른들을 대상으로 해요. 하지만 여러분과 같은 청소년을 노리는 범죄가 있어요. 바로 대리 입금이에요.

대리 입금 범죄는 인스타그램, 페이스북과 같은 소셜 네트워크에서 적은 돈을 빌려준다고 여러분을 유혹해요. 게임 아이템이나 좋아하는 아이돌의 굿즈를 사고 싶어 돈이 필요한 청소년들을 노리는 것이죠.

하지만 돈을 빌려준 뒤 빌려 간 대가로 '감사비', 연체되면 '지각비' 등의 이름으로 여러분이 빌려 간 돈보다 훨씬 많은 돈을 요구한다고 하니 조심해야 해요.

온라인이든 오프라인이든 절대로 다른 사람에게 적은 돈이라도 빌리는 일이 없어야 해요. 그리고 만약 무언가 잘못되었단 생각이 든다면 최대한 빨리 부모님이나 선생님께 알리도록 하세요.

 **옥쌤 경제상식** ### 1년에 받을 수 있는 최고 이자율은?

돈을 빌리면 이자를 쳐서 갚아야 해요. 돈을 빌린 대가를 내는 것은 당연한 일이죠. 그런데 나라에서는 돈을 빌려주고 받을 수 있는 최대 금리를 정해 두었어요. 우리나라는 이자를 1년에 최대 20퍼센트까지만 받을 수 있어요(2023년 2월 기준). 만약 1,000만 원을 빌려줬다면 1년에 최대 200만 원까지만 이자를 받을 수 있다는 이야기예요. 그런데 대리 입금 범죄에서는 1년에 무려 1,000퍼센트까지 이자를 받은 경우도 있다고 해요. 10만 원을 빌렸으면 이자만 100만 원을 내야 했다는 것이죠.

폐기 화폐

한 해 동안 버려지는 돈의 양은?

폐기 화폐 : 오염되거나 손상되어 사용할 수 없는 화폐

옛날과 달리 요즘에는 현금을 사용하는 사람이 많이 줄었어요. 하지만 여전히 많은 양의 지폐와 동전이 사용되고 있죠.

금속으로 만들어 튼튼한 동전과 달리 100퍼센트 순면으로 만들어 가볍고 얇은 지폐는 찢어지거나 물에 젖거나 불에 타서 훼손될 수도 있어요. 곰팡이가 생겨 쓰지 못하는 경우도 있죠.

그렇다면 우리나라에서 1년 동안 못 쓰게 되어 버려지는 지폐는 얼마나 될까요? 2022년 1월부터 6월까지 쓸 수 없게 되어 폐기된 화폐는 총 1억 9,166만 장이라고 해요. 금액으로 치면 1조 1,566억 원어치라고 하네요.

폐기된 지폐를 길게 이어 붙이면 부산과 서울을 30번 오갈 수 있는 길이가 나온대요. 못 쓰게 된 돈만큼 새로 화폐를 만드는 데에도 매년 어마어마한 돈이 쓰인다니 지폐와 동전을 소중히 다루어야 해요.

만약 지폐와 동전이 훼손되었다면 은행에서 깨끗한 새 돈으로 바꿀 수 있을까요? 내가 가지고 있는 지폐가 찢어지거나 불에 탔다면 가게에서 이 돈을 쓰기 어려울 거예요. 그렇다고 버리기는 아깝지요.

이 경우, 은행에 여러분의 돈을 가지고 가면 새 돈으로 바꿀 수 있어요. 하지만 돈을 바꿔 주는 데는 조건이 있다고 하네요. 만약 내가 가진 지폐가 찢어지거나 불에 타서 쓸 수 없게 되었을 때, 남아 있는 면적이 4분의 3 이상이면 전액을 교환해 줘요.

남아 있는 면적이 5분의 2 이상 4분의 3 미만일 경우 절반만큼의 금액을 돌려준다고 해요. 면적이 5분의 2 미만으로 남아 있는 경우에는 새 돈으로 바꿀 수 없답니다.

위조 화폐

위조를 방지하는 우리나라만의 기술

위조 화폐 : 진짜 화폐와 비슷하게 만든 가짜 화폐

우리나라 화폐는 오직 한국은행에서만 만들 수 있어요. 여러분이 쓰는 돈을 자세히 보면 '한국은행'이라는 글씨를 찾을 수 있을 거예요. 우리나라에서는 화폐를 만들 때 위조를 막는 장치를 여럿 마련해 두었어요.

나라에서는 기업이나 개인이 화폐를 만들거나 복사하는 일을 아주 큰 범죄로 생각해요. 화폐를 위조한 사람은 무기징역에 처할 수도 있죠. 위조란 속일 목적으로 진짜처럼 만드는 것이에요. 5만 원짜리 지폐의 위조를 막기 위한 기술들을 몇 가지 알아볼까요?

① 띠형 홀로그램 : 지폐 앞면의 왼쪽 끝에 은빛으로 반짝이는 띠가 있어요. 이 띠는 특수 필름으로, 보는 각도에 따라 우리나라 지도, 태극, 4괘 무늬, 숫자 '50000'을 확인할 수 있어요.
② 색 변환 잉크 : 뒷면 오른쪽 아래 숫자 '50000'은 보는 각도에 따라 자홍색 또는 녹색으로 보이지요.
③ 숨은 그림 : 지폐의 비어 있는 부분을 빛에 비추어 보면 숨어 있는 신사임당의 초상화를 볼 수 있어요.
④ 가로 확대형 기번호 : 화폐마다 다르게 새겨져 있는 일련 번호의 크기가 오른쪽으로 갈수록 점점 커져요.

5만 원짜리 지폐에는 위조 방지 장치가 22개 있어요. 16개는 사람들에게 공개했지만 나머지는 비밀이라고 하네요. 또 위조를 막기 위해 화폐를 만드는 사람들이 각자 자기가 맡은 부분만 작업하도록 한대요. 그래서 지폐를 만드는 사람들도 지폐를 만드는 과정을 완벽히 알지 못해요. 그만큼 철저히 화폐 위조를 막으려 노력하고 있어요. 화폐 위조가 얼마나 무거운 범죄인지 알겠지요?

*자세한 내용은 한국은행 공식 홈페이지에서 볼 수 있어요.

환율

외국 돈과 우리나라 돈의 교환 비율은?

환율: 우리나라 돈과 외국 돈 간의 교환 비율

여러분이 5만 원짜리 지폐 100장을 가지고 해외여행을 간다면 어떻게 될까요? 500만 원이나 가지고 있으니 돈을 펑펑 쓸 수 있을 것 같지만 사실 그럴 수가 없어요. 외국에서는 '원'이라는 돈을 쓰지 않거든요.

그래서 우리나라 돈을 그 나라의 돈으로 바꿔 가야 해요. 우리나라 돈을 다른 나라 돈으로 바꾸는 것을 환전이라고 해요. 환전을 할 때는 환율에 따라 준비해야 할 돈의 액수가 달라져요.

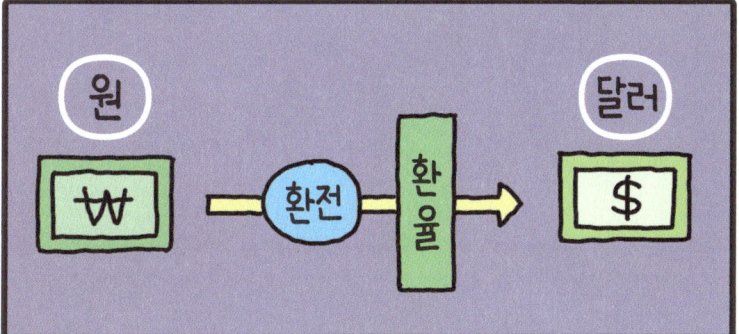

환율은 우리나라 돈과 다른 나라 돈을 바꿀 때 얼마의 돈이 필요한지를 나타낸 것이에요.
1달러 환율이라는 말은 우리나라 돈을 미국 화폐인 1달러로 바꿀 때 필요한 돈을 의미하죠.

1달러의 한국 화폐 가격

2023년 2월 기준으로 1,300원 정도가 있어야 1달러로 바꿀 수 있어요. 유럽의 화폐 단위인 1유로는 1,400원 정도, 일본의 100엔은 970원 정도로 바꿀 수 있네요.

옥쌤 경제상식 ─ 달러가 국제적으로 사용되는 이유

세상에는 많은 종류의 화폐가 사용되고 있어요. 원, 엔, 페소, 위안, 유로, 파운드 등 나라의 수만큼이나 그 종류가 다양하죠. 그런데 나라와 나라 간에 돈거래를 할 때 기본이 되는 돈이 있어요. 이 돈을 '기축 통화'라고 해요. 바로 미국의 달러예요. 그렇다면 왜 하필 달러가 기축 통화로 사용되고 있을까요?

그 이유 중 하나는 석유를 살 때 오직 달러로만 거래하도록 되어 있기 때문이에요. 사람들의 생활에 꼭 필요한 석유를 달러로만 살 수 있으니 각 나라에서는 달러를 많이 가지고 있으려고 하겠죠? 이러한 이유로 달러가 기축 통화가 된 것이랍니다.

환율 변동

환율은 높아야 좋을까? 낮아야 좋을까?

환율 변동: 외환 시장에서 수요와 공급의 원리에 따라 환율이 변하는 것

환율은 우리나라 돈과 다른 나라 돈을 교환할 때의 비율을 말해요. 환율은 매일매일, 그리고 순간순간 여러 가지 이유로 변하고 있어요.

1달러 환율이 낮았을 때는 800원 정도까지 떨어졌어요.

가장 높았을 때는 2,000원 정도였죠. 똑같은 1달러인데 우리나라 돈과 바꾸려면 두 배 정도 금액 차이가 났던 거예요. 이렇게 매일 변하는 환율은 우리 생활에도 큰 영향을 미쳐요.

환율이 높으면 수입하는 물건의 가격도 높아져요. 똑같이 10달러짜리 물건을 들여오더라도 환율이 1,000원일 때는 10만 원이지만, 환율이 1,200원일 때는 12만 원이 되기 때문이죠.

언뜻 보면 환율이 낮을 때가 더 좋은 것 같지만 꼭 그렇지는 않아요. 환율이 올라야 우리나라가 해외로 수출할 때 더 이익을 볼 수 있어요. 해외 시장에서 국내 상품의 가격을 낮추어 팔 수 있으니까요. 무역에 있어서 더 경쟁력을 갖추게 되는 것이지요.

물론 환율이 낮아지면 저렴하게 해외여행을 다녀올 수 있겠죠? 우리나라 돈으로 60만 원을 모아 해외여행을 간다면 달러 환율이 1,200원일 때는 500달러로 바꿔 갈 수 있어요. 하지만 달러 환율이 1,000원일 때는 600달러로 바꿀 수 있겠지요. 똑같은 60만 원인데도 환율에 따라 해외여행에서 100달러를 덜 혹은 더 쓸 수 있게 된답니다.

 달러가 가장 비쌌을 때와 가장 쌌을 때는?

2023년 2월 기준으로 우리나라의 달러 환율은 1,300원 정도예요. 1996년부터 2023년 사이 달러 환율이 가장 높았을 때는 약 2,000원이 있어야 1달러로 바꿀 수 있었어요. 하지만 800원을 1달러로 바꿀 때도 있었죠. 같은 1달러인데 두 배 이상 차이가 난 거예요. 달러 환율이 2,000원이 넘었던 때는 바로 우리나라에 IMF 외환 위기가 발생했을 때랍니다.

IMF 외환 위기

나라의 비상금이 떨어졌을 때

IMF 외환 위기: 1997년 우리나라에서 일어난 국가 부도 위기로 국제 통화 기금으로부터 자금을 지원받고 각서를 체결한 사건

우리나라 안에서 물건을 사고팔 때는 우리나라의 돈을 사용해요. 하지만 다른 나라에서 물건을 사고팔 때는 '달러'를 사용하지요.

그렇기 때문에 나라에서는 필요할 때 사용할 수 있도록 달러를 어느 정도 마련해 두고 있어요. 이것을 조금 어려운 말로 외환 보유액이라고 해요.

그런데 1997년 우리나라가 가지고 있는 달러가 부족해지며 외국에서 빌린 돈을 갚지 못했고 이로 인해 경제가 어려워지기 시작했어요. 그 결과 많은 기업들이 문을 닫고 직업을 잃는 사람이 많이 생겼지요. 이 사태를 IMF 외환 위기라고 해요.

그래서 우리나라에서는 부족한 달러를 국제 통화 기금(IMF, International Monetary Fund)에서 빌리기로 결정했죠. 국제 통화 기금은 국가에서 돈이 필요할 때 돈을 빌려주기 위해 설립한 국제 금융 기관이에요. IMF는 돈을 빌려주는 대신 우리나라의 경제 활동을 간섭하고 통제하게 되었답니다.

IMF 외환 위기로 우리나라의 경제가 큰 어려움을 겪자 국민들이 함께 힘을 모으기 시작했어요. 이때 국민들은 물건을 아껴 쓰고, 나눠 쓰고, 바꿔 쓰고, 다시 쓰는 '아나바다 운동'에 참여했어요. 그리고 집에 있는 금을 나라에 파는 금 모으기 운동을 했지요.

사람들이 금을 가지고 나온 이유는 금이 어느 나라에서나 가치를 인정받기 때문이에요. 정부에서는 집집마다 모은 금을 다른 나라에 팔아서 달러를 벌어들이기 시작했죠. 국민의 노력 덕분에 2001년 남아 있던 IMF 자금을 모두 갚고 IMF의 간섭에서도 완전히 벗어났답니다.

산업 혁명

기술이 발전하면 우리의 삶도 바뀌어요

산업 혁명: 기술 혁신이나 새로운 제조 공정으로 일어난 사회, 경제 등의 큰 변화

산업 혁명이란 어떠한 기술의 발전으로 경제 구조와 생활 환경이 급격하게 바뀌는 것을 말해요. 최근에 많이 쓰는 '4차 산업 혁명'이라는 말은 네 번째 산업 혁명이 일어나고 있다는 뜻이죠. 지금까지 인류의 생활을 바꾼 산업 혁명을 살펴볼까요?

1차 산업 혁명 (1800년대)
: 증기 기관의 발달로 사람이 하던 일을 기계가 대신하기 시작했어요.

2차 산업 혁명 (1900년대 초반)
: 전기 기술의 발달로 공장에서 물건을 대량으로 만들 수 있게 되었어요.

3차 산업 혁명 (1900년대 후반) : 컴퓨터와 인터넷의 발달로 우리의 삶이 크게 바뀌었어요.

4차 산업 혁명 (2015년~)

4차 산업 혁명 시대인 지금은 인공 지능의 발달로 사람들의 생활이 변화하고 있어요. 우리는 인공 지능 스피커, 자율 주행 자동차 등 인공 지능과 함께하는 세상에서 살고 있지요. 앞으로 우리의 생활은 어떻게 바뀔까요?

 **옥쌤 경제상식** ## AI의 발전은 사람들에게 좋은 소식일까, 나쁜 소식일까?

인공 지능을 의미하는 AI 기술은 우리 삶을 많이 변화시킬 거예요. 그렇다면 AI의 발전은 인류에게 좋은 일일까요, 나쁜 일일까요? AI의 발전을 부정적으로 보는 사람들은 일자리가 줄어드는 것을 걱정해요. 사람들이 하던 일을 AI가 대신 하면 일자리를 잃고 생계를 잇기 어려워지는 사람이 많아질까 봐 걱정하는 것이죠. 반면, AI의 발전이 사람들을 일로부터 해방시킬 것이라고 보는 사람들도 있어요. 사람이 직접 하기에는 위험하거나 귀찮은 일을 모두 AI가 대신 할 테니 사람들은 안전하게 생활할 수 있고 여가를 즐길 시간도 더 늘어날 것이라는 견해이지요. 여러분의 생각은 어떤가요?

교과 연계

4학년 2학기 사회 02. 필요한 것의 생산과 교환

4학년 2학기 사회 03. 사회 변화와 문화의 다양성

5학년 실과 03. 나의 안전한 생활 문화

6학년 1학기 사회 02. 우리나라의 경제 발전

6학년 도덕 06. 함께 살아가는 지구촌

6학년 1학기 수학 04. 비와 비율

7장

재미있는 경제 용어

흑자와 적자 | 블루 오션과 레드 오션 | 한계 효용 체감의 법칙 | 비교 우위 | 슈링크플레이션 | 엥겔 계수 | 공유 경제 | 펭귄 효과 | 베블런 효과 | YOLO와 무지출 챌린지

경제에는 여러 법칙들이 있어요. 하지만 법칙과 달리 예상하지 못한 상황으로 흘러갈 때가 많아요. 그리고 시대가 바뀌면서 새롭게 나타나는 경제 현상들도 있지요. 여러 경제 현상들을 설명하는 용어와 개념, 그리고 일화까지 알게 되면 어느새 경제라는 새로운 친구가 생겨 있을 거예요!

흑자와 적자

수입과 지출을 색깔로 표현해요

흑자: 수입이 지출보다 많아 잉여 이익이 생기는 일
적자: 지출이 수입보다 많아 생기는 결손액

경제와 관련된 뉴스나 신문을 보면 '흑자가 났다.', '적자가 났다.'와 같은 표현을 자주 사용해요. 흑자와 적자는 무슨 뜻이며 왜 이 단어를 사용하는 걸까요?

흑자는 회사에서 번 돈이 쓴 돈보다 많아서 이익이 생기는 것이에요. 흑자를 글자 그대로 풀이하면 검은색 글씨라는 뜻이지요.

검은색 글씨가 이익을 냈다는 뜻으로 사용되는 이유는 간단해요. 회사의 매출과 지출을 정리한 장부를 손 글씨로 작성하던 시절에 이익을 본 돈을 검은색으로 적었기 때문이에요.

+2,000,000

적자는 회사에서 쓴 돈이 번 돈보다 많아서 손해를 보는 거예요. 적자는 빨간색 글씨라는 뜻이죠. 손해가 생긴 돈은 장부에 빨간색으로 적었기 때문에 적자라는 단어를 사용한답니다.

-1,000,000

사람들이 주식을 사고파는 주식 시장에서 사용하는 색깔에도 의미가 있어요. 우리나라 주식 시장에서 빨간색은 상승, 즉 거래가가 올라감을 뜻해요. 반대로 파란색은 하락, 즉 거래가가 내려감을 의미해요. 당연히 주식 시장에 관심이 많은 사람들은 빨간색을 좋아하겠죠?

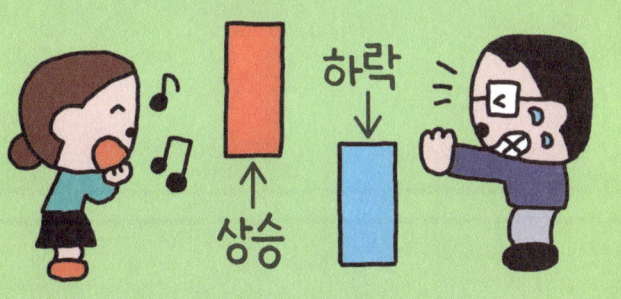

그런데 미국 주식 시장에서는 초록색이 상승을, 빨간색이 하락을 나타낸다고 해요. 똑같은 빨간색이지만 의미가 다르게 사용되고 있으니 헷갈리지 않도록 조심해야 한답니다.

블루 오션과 레드 오션
파란 바다와 빨간 바다의 의미

블루 오션: 아직 존재하지 않거나 많이 알려지지 않아서 경쟁자가 없는 시장
레드 오션: 이미 잘 알려지고 경쟁자가 많아 치열하게 경쟁하는 시장

머릿속으로 '바다'라는 단어를 떠올려 볼까요? 아마 대부분의 사람이 푸른 바다의 평화로운 분위기를 떠올릴 거예요.

경제 용어로 쓰이는 블루 오션(Blue Ocean)도 평화롭고 푸른 느낌을 담고 있어요. 블루 오션을 우리말로 옮기면 푸른 바다예요. 블루 오션이란 현재 존재하지 않거나 잘 알려지지 않아서 경쟁이 치열하지 않은 시장을 의미해요. 즉, 관련된 일을 했을 때 미래가 밝다는 뜻이죠.

반대로 레드 오션(Red Ocean)은 이미 잘 알려져서 경쟁자가 많은 시장을 뜻해요. 핏빛으로 물든 바다처럼 치열한 경쟁을 해야 하기 때문에 어려움이 예상되는 시장이죠.

그래서 사람들은 레드 오션보다는 블루 오션 시장을 개발하기 위해 노력한답니다. 물론 처음에 블루 오션이었던 시장도 시간이 지나면 점차 레드 오션으로 변하겠죠?

레드 오션에 더 이상 못 있겠어!

원래 블루 오션이었어.

 **옥쌤 경제상식** ## 환경을 위한 초록색 바다, 그린 오션(Green Ocean)

그린 오션은 친환경 관련 시장을 만들자는 움직임을 의미해요. 환경 오염과 기후 변화 문제가 점점 심각해지자 무작정 경제를 개발하기보다는 환경을 보호하는 데 더 집중해야 한다는 뜻을 담고 있죠. 현재 전 세계가 지구 환경을 보호하자고 약속하고 함께 노력하고 있기 때문에 그린 오션이 점점 더 주목받고 있어요. 플라스틱 사용을 줄이기 위해 종이 용기나 종이 빨대를 사용하는 것이 그린 오션의 대표적인 예랍니다.

한계 효용 체감의 법칙

많으면 많을수록 좋을까?

한계 효용 체감의 법칙 : 일정한 기간 동안 소비되는 재화의 수량이 증가할수록 재화의 추가분에서 얻는 한계 효용은 점점 줄어든다는 법칙

사막에서 길을 잃어 물을 한 모금도 마시지 못한 사람을 떠올려 봅시다.

이때, 누군가가 길을 잃은 사람에게 물을 한 병 준다면 아마도 길을 잃은 사람은 물을 벌컥벌컥 마셔서 금방 비울 거예요. 물 한 병에 대한 만족감이 엄청나겠죠.

하지만 만약 물을 두 병, 세 병, 네 병… 계속 먹도록 한다면 어떻게 될까요?

아마 네 병째에는 더 이상 마시고 싶지 않거나 오히려 마셨을 때 고통스럽다는 느낌을 받을 거예요. 똑같은 물 한 병인데 마신 사람이 얻는 만족감이 줄어든 거죠.

이러한 현상을 나타내는 말이 한계 효용 체감의 법칙이지요.

물건이나 서비스를 사용함으로써 얻는 만족감의 크기를 효용이라고 해요. 그리고 체감은 '차례로 줄어든다.'라는 뜻이죠.

똑같은 물건이나 음식일지라도 우리가 여러 개 또는 여러 번 소비할수록 마지막 물건과 음식에서 얻을 수 있는 한계 효용인 만족감은 줄어들어요.

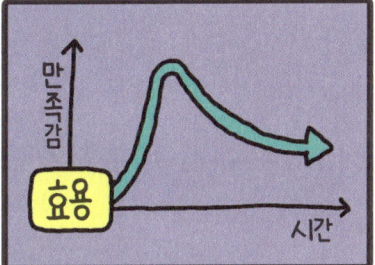

당연히 물건이나 음식을 처음 소비했을 때의 효용이 가장 높지요. 효용은 최대로 높이고 비용은 최소로 줄이는 소비가 합리적이겠죠?

 **옥쌤 경제 상식** 뷔페에서는 어떤 음식부터 먹어야 할까?

만약 여러분이 뷔페에서 총 다섯 그릇의 음식을 먹을 수 있고, 음식을 먹었을 때 만족도가 다음 표와 같다고 생각해 보세요. 어떻게 먹어야 만족도를 가장 높일 수 있을까요?

그릇 개수	한 그릇째	두 그릇째	세 그릇째	네 그릇째	다섯 그릇째
스테이크	10	8	6	4	2
샐러드	5	4	3	2	1
파스타	6	4	2	0	0

스테이크 세 그릇(10+8+6)과 파스타 한 그릇(6), 샐러드 한 그릇(5)을 먹으면 총 35의 만족도를 얻을 수 있어요. 이처럼 한계 효용 체감의 법칙을 생각하면 여러분이 뷔페에서 어떤 음식을 어떤 순서로 먹는 것이 좋을지 알 수 있답니다.

비교 우위

각자가 잘하는 것을 하는 게 이득!

비교 우위: 무역에서 한 나라가 최소한 하나 이상의 특정 상품을 다른 나라보다 더 효율적으로 생산하는 것

학교에서 발표를 준비하는 장면을 생각해 봅시다. A는 자료 조사를 하는 데 10분이 걸리고 발표 대본을 만드는 데 15분이 걸립니다. 하지만 B는 자료 조사를 하는 데 15분이 걸리고 발표 대본을 만드는 데 30분이 걸립니다.

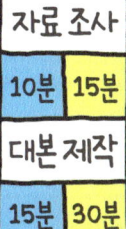

자료 조사와 발표 대본 만들기 모두 A가 더 잘해요. 그렇다면 A가 자료 조사도 하고 발표 대본도 만드는 게 올바른 선택일까요? 만약 A가 자료 조사와 대본 작성을 모두 한다면 총 25분의 시간이 걸릴 거예요.

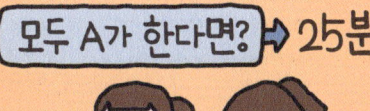

하지만 A가 발표 대본을 만들고 B가 자료 조사를 한다면 15분이면 발표 준비를 끝낼 수 있어요.

자료 조사와 대본 작성 모두 B보다 A가 더 빨리 할 수 있지만 B가 조금이나마 더 잘할 수 있는 자료 조사를 해서 두 사람이 모두 이익을 본 것이죠. 이때, A는 발표 대본 작성에, B는 자료 조사에 비교 우위를 가진다고 이야기할 수 있답니다.

비교 우위란 무역에서 사용하는 용어예요. 한 국가가 두 재화를 모두 생산하는 비용이 다른 국가보다 적게 들더라도 각 국가가 상대적으로 더 싸게 생산할 수 있는 재화, 즉 비교 우위에 있는 재화를 특화함으로써 국가 간 분업과 무역이 발생하고 이때 두 국가 모두 경제적 이득을 얻을 수 있다는 이론이에요.

우리나라는 세계 여러 나라와 무역을 하고 있어요. 우리나라는 비교 우위에 있는 반도체나 자동차 같은 물건을 다른 나라에 수출해요.

그런데 우리나라가 아닌 다른 나라가 비교 우위에 있는 밀과 같은 곡식은 외국에서 수입하죠. 그래서 우리나라에서 사용하는 곡물 중 80퍼센트 정도는 외국에서 들여온 것이라고 해요.

만약 다른 나라와의 무역에 문제가 생겨 외국의 곡물을 수입해 올 수 없다면 큰일이 생기겠지요. 곡물뿐만 아니라 우리가 먹는 식량 중 절반은 수입한 재료로 만든 것이라고 하니까요.

분명 시간이나 자원에 있어서 더 효율적으로 제품을 생산하는 나라가 있어요. 하지만 그런 나라여도 분명히 기회비용이 발생해요. 각 나라에서 각자 기회비용이 가장 덜 들어가는 상품을 생산해 거래하면 결국 이익이 가장 극대화된답니다. 비교 우위의 논리를 이용한 것이죠.

슈링크플레이션

가격은 그대로인데 물가는 오른다?

슈링크플레이션 : 기업들이 제품의 가격은 그대로 유지하면서 크기나 중량을 줄여 사실상 가격을 올리는 것

물건의 가격이 지속적으로 올라가는 현상을 인플레이션이라고 해요. 물건의 가격이 오르면 사람들은 물건을 사는 것을 꺼리지요. 너무 많은 돈이 들어 부담이 되니까요.

그래서 기업에서는 물건의 가격은 그대로 두고 내용물의 크기나 양을 줄이는 방법을 사용해요. 한 봉지에 1,200원인 과자의 양을 120그램에서 100그램으로 줄이는 식이죠.

이렇게 하면 가격의 변화가 없는 것처럼 보이지만 사실 1그램에 10원이었던 과자의 가격이 1그램에 12원으로 오른 것과 마찬가지예요. 결국은 물건의 가격이 오른 셈이죠.

이처럼 가격은 그대로 두고 물건의 크기나 양을 줄여 사실상 물건의 가격이 오르는 효과를 얻는 전략을 슈링크플레이션이라고 해요. 줄어들다라는 뜻을 가진 '슈링크(Shrink)'에 인플레이션을 합친 단어예요.

 **물가는 내려갈수록 좋을까?**

인플레이션이든 슈링크플레이션이든 물가가 오른다는 것은 소비자 입장에서 그렇게 반가운 일은 아니지요. 그렇다면 물가가 내려가면 우리가 더 살기 좋아질까요?
이에 대한 정답은? 바로 '아니다'입니다. 그 이유는 계속 물가가 낮아지리라 예상될 때, 사람들은 소비를 줄이기 때문이에요. 조금만 더 기다리면 물건을 더 저렴하게 살 수 있을 테니까요. 그런데 사람들이 소비를 줄이면 기업에서는 물건이 팔리지 않아 새로운 물건을 만들 필요가 없어지고 결국 직원 수를 줄이게 돼요. 일자리가 사라지면 가계의 소득이 낮아지면서 소비도 더 줄어들겠죠. 그래서 경제학자들은 물가가 계속 낮아지는 디플레이션보다 적정한 수준의 인플레이션이 필요하다고 이야기한답니다.

엥겔 계수
많이 먹을수록 가난해져요

엥겔 계수 : 가계의 소비 지출 중 식료품비 지출이 차지하는 비율을 계산한 값

독일의 통계학자 에른스트 엥겔은 가계의 소득이 올라갈수록 먹는 것에 돈을 쓰는 비중이 감소한다는 특징을 발견했어요. 이 법칙을 엥겔(Engel) 계수라고 해요. 최상위층은 자신들이 쓰는 돈의 4분의 1 이하를 먹는 데 쓴 것에 비해 하위층은 자신들이 쓰는 돈의 2분의 1 이상을 먹는 데 쓴 것으로 나타났어요.

가계의 생활 수준을 판단할 수 있는 수치 중 하나인 엥겔 계수는 가계에서 먹는 것에 쓴 돈이 차지하는 비율을 나타내요. 식료품은 소득 수준과 상관없이 소비되면서도 일정 수준 이상은 소비되지 않아요. 그래서 가계 총 지출액에서 식비가 차지하는 비율은 소득이 늘어날수록 점차 줄어들지요.

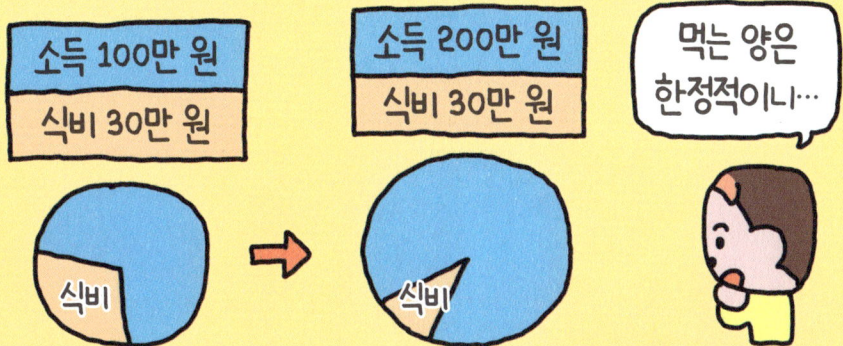

따라서 위에서 살펴본 것처럼 가계의 생활 수준이 높을수록 엥겔 계수가 낮고, 가계의 생활 수준이 낮을수록 엥겔 계수가 높아요. 생활 수준이 높을수록 여가, 취미, 문화생활에 사용하는 돈이 많기 때문이에요.

 엔젤 계수

엥겔 계수와 비슷해 보이는 엔젤(Angel) 계수라는 단어가 있어요. 엔젤 계수란 가계에서 쓰는 돈 중에서 자녀를 위해 지출한 비용의 비율을 의미해요. 부모님이 여러분을 위해 쓰는 교육비, 용돈, 옷값 등이 모두 엔젤 계수에 포함되는 비용이죠. 엥겔 계수는 소득이 높을수록 낮아지지만 엔젤 계수는 소득이 높을수록 높아지는 특징이 있답니다.

공유 경제

사지 마세요, 같이 쓰세요

공유 경제 : 물건이나 공간, 서비스 등을 여럿이 공유해 사용하며 효율성을 높이는 경제 활동 방식

예전에 사람들은 어떤 물건을 사용하려면 돈을 주고 구입했어요. 하지만 최근 들어 물건을 소유하는 것이 아니라 물건을 함께 사용하는 사람들이 많아지고 있어요. 이처럼 재화를 여럿이 공유하며 사용하는 경제 활동 방식을 공유 경제라고 해요.

우리 주변에서 흔히 볼 수 있는 대표적인 공유 경제의 예로 공유 자동차가 있어요. 자동차 한 대를 필요한 사람이 필요한 시간만큼만 사용하고 또 다른 사람이 사용할 수 있도록 한 것이죠. 내 자동차가 없어도 자동차가 필요할 때 공유 자동차를 사용할 수 있는 거예요.

요즘에는 여럿이 함께 쓰는 공유 주방과 공유 킥보드, 공유 사무실 등 다양한 공유 경제 재화가 등장하고 있어요.

 **옥쌤 경제상식** ## '이것까지' 구독하는 시대

인터넷이 발달하지 않았던 시절, 사람들은 종이 신문으로 새로운 소식들을 접했어요. 그래서 많은 사람들이 매월 돈을 내며 집으로 신문을 배달해 주는 신문 구독 서비스를 이용했죠. 이처럼 일정액을 내면 어떠한 상품을 정기적으로 배송해 주는 서비스 형태를 구독 경제라고 해요.

최근 들어 이 구독 경제가 매우 활발해지고 있어요. 매달 구독료를 내면 매일 반찬을 배달해 주는 반찬 구독 서비스, 매달 새로운 양말을 배달하는 양말 구독 서비스, 다양한 꽃을 보내 주는 꽃 구독 서비스뿐만 아니라 아기들의 이유식을 보내 주는 이유식 구독 서비스도 생겼죠. '넷플릭스'나 '디즈니플러스'처럼 구독료를 내면 영상을 자유롭게 볼 수 있는 OTT(Over The Top) 서비스도 구독 경제의 대표적인 예랍니다.

펭귄 효과

친구 따라 물속으로 뛰어드는 펭귄들

펭귄 효과: 물건 구매를 고민하던 소비자가 다른 사람들이 구매하는 것을 보고 자신도 구매하는 현상

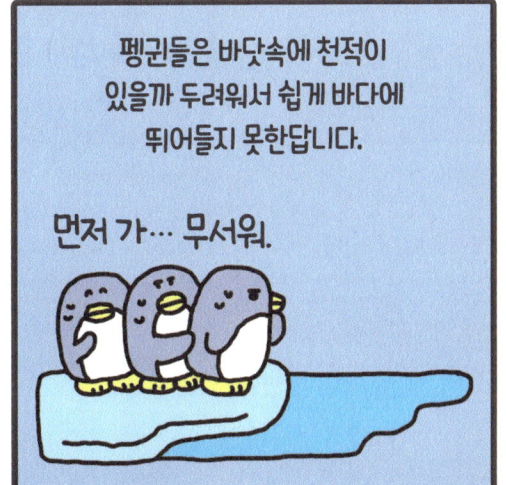

 ### 백로 효과

다 함께 바다로 뛰어드는 펭귄들과 달리 백로는 무리에 속하지 않고 홀로 물가를 거니는 우아한 이미지를 갖고 있어요. 이런 백로에 빗대어 다른 사람들이 사지 않는 희소성이 높은 물건을 구매하는 현상을 백로 효과라고 해요. 어떤 상품을 너도나도 사기 시작하면 오히려 그 물건을 사려는 사람이 줄어드는 현상이죠. 이러한 현상은 남들이 사기 힘든 예술품이나 명품을 사고 뽐내려는 심리에서 비롯됐다고 해요.

베블런 효과

가격이 내려갈수록 떨어지는 소유욕

베블런 효과 : 남들보다 돋보이고 싶은 심리에서 이른바 명품 같은 값비싼 물건을 소비하는 현상

물건의 가격이 높아지면 물건을 사려는 사람들은 줄어들어요. 반대로 물건의 가격이 낮아지면 수요는 높아지죠. 그런데 가격이 오르는데도 수요가 증가하는 경우가 있어요.

비싼 보석이나 명품 가방, 고급 자동차가 그렇죠. 앞에서 말한 물건들은 가격이 비쌀수록 더 잘 팔린다고 해요.

그 이유는 자신이 비싼 물건을 살 수 있음을 과시하고 싶은 마음 때문이라고 해요. 가격이 싸면 누구나 살 수 있지만 가격이 높은 물건은 그렇지 않으니까요. 그래서 고가의 물건일수록 더 매력적이라고 느끼는 것이지요.

과시욕

미국의 경제학자 소스타인 베블런은 1899년 출간한 자신의 책에서 상류층 사람들이 자신의 성공을 과시하기 위해 사치스럽게 소비한다고 이야기했어요.

그래서 물건의 가격이 오르는데도 오히려 수요가 늘어나는 현상을 베블런 효과라고 불러요. 이런 베블런 효과는 요즘 명품 브랜드에서 특히 두드러지고 있어요.

각종 명품 브랜드들이 가격을 인상했지만 오히려 판매율이 높아진 것이지요. 매장을 열자마자 줄을 서서 명품을 구매하려는 사람들이 인산인해를 이루는 진풍경이 벌어지기도 했답니다.

YOLO와 무지출 챌린지

탕진하거나, 한 푼도 안 쓰거나!

YOLO(You Only Live Once) : '욜로'라는 신조어로 현재 자신의 행복을 가장 중시하여 소비하는 태도
무지출 챌린지 : 일정한 기간 동안 지출액 0원을 목표로 도전하는 것

소비와 관련해 새롭게 생겨난 단어가 두 가지 있어요. 바로 YOLO(욜로)와 무지출 챌린지예요. YOLO는 'You Only Live Once (당신의 인생은 한 번뿐이다.)'라는 문장에서 각 단어의 앞 알파벳을 딴 단어예요.

한 번뿐인 인생이니 지금 이 순간 나의 행복을 가장 중요하게 생각하고 소비하는 태도죠.

확실하지 않은 미래를 위해 소비를 줄이고 돈 관리를 하는 것보다는 현재의 확실한 만족감을 얻을 수 있도록 소비하는 자세를 말해요.

YOLO와는 반대인 무지출 챌린지라는 말도 생겼어요. 돈을 쓰지 않는다는 뜻의 무지출과 도전을 뜻하는 영어 단어 챌린지(Challenge)를 합친 단어죠. 생활비를 줄이고 저축을 늘리기 위해 정해진 기간 동안 돈을 한 푼도 쓰지 않으려 노력하는 것이랍니다.

현재를 중요하게 생각하는 YOLO, 반대로 미래를 대비하려는 무지출 챌린지. 너무 한쪽으로만 치우치기보다는 현재와 미래의 균형을 잘 잡을 수 있도록 현명하게 소비해야겠죠?

 **옥쌤 경제상식** ## 절약하는 사람을 부르는 다양한 말들

소비를 줄이고 절약을 중요하게 생각하는 사람들은 예전에도 존재했어요. 그래서 우리나라에는 돈을 잘 쓰지 않는 사람을 부르는 다양한 말들이 있죠. 생선을 먹기 아까워 천장에 걸어 두고 밥 한 숟갈 먹을 때마다 한 번씩 쳐다봤던 자린고비 이야기를 들어 봤을 거예요. 자린고비와 비슷한 말로 구두쇠가 있죠. 물건이나 돈을 아끼는 정도가 지나친 사람에게 흔히 '짜다.'라고 하는데 여기서 '짠돌이', '짠순이'와 같은 말이 나왔답니다.

교과 연계

4학년 1학기 사회 02. 우리가 알아보는 지역의 역사

4학년 2학기 사회 02. 필요한 것의 생산과 교환

5학년 2학기 사회 01. 옛사람들의 삶과 문화

5학년 실과 06. 일과 직업 탐색

8장
더 알고 싶어요! 경제 개념

부동산 부동산 매매 | 전세 | 월세 | 공인 중개사 | 공유 오피스 | 젠트리피케이션 | 신도시 | 부동산 세금

주식 주 | 배당금 | 주식의 가격 | 코스피 | 코스닥 | 나스닥

가상 화폐 가상 화폐 | 핀테크 | 한국 거래소 | 연방 준비 제도 | 세계 3대 신용 평가 회사 | 금융 감독원 | 인터넷 전문 은행 | 제3 금융권

부동산

부동산 매매

집이나 땅 등의 부동산을 거래하기 위해서는 사는 사람과 파는 사람이 가격을 합의해야 해요. 사는 사람은 조금이라도 저렴하게 사고 싶고, 파는 사람은 조금이라도 더 비싸게 팔고 싶을 거예요. 하지만 서로 욕심만 부리다가는 사고팔 수 없겠지요. 그래서 두 사람은 적정한 가격에서 합의한 뒤 거래를 성사시키지요. 이렇게 집과 땅 등을 사고파는 것을 '부동산 매매'라고 해요. 그런데 부동산을 사는 사람이 비용을 상대에게 지불하는 것만으로 그 집과 땅의 주인이 되지는 않아요. 거래 계약서와 같은 서류를 작성해야 하지요. 거래 계약서에는 부동산을 사는 사람과 파는 사람의 정보를 비롯해 부동산과 관련된 다양한 내용이 적혀 있어요. 서류를 작성한 뒤 비용을 전부 입금하면 최종적으로 매매가 완료된답니다.

전세

집이나 상가 등을 빌려주는 거래 방식 중 하나예요. 다른 국가에서는 보기 힘든 한국만의 독특한 제도지요. 실제로 외국에서는 전세보다 다달이 대여료를 내는 월세를 많이 활용하거든요. 전세는 집주인에게 일정 금액을 내고 일정 기간 그 집을 빌리는 거예요. 이러한 금액을 보증금이라고 해요. 단, 전세 계약 기간이 끝나면 집주인에게 보증금을 돌려받을 수 있어요. 일반적으로 전세 계약 기간은 2년이에요. 전세 보증금은 평균 집값의 60퍼센트 내외여서 당장은 경제적으로 부담이 될 수 있지만, 계약이 끝나면 보증금을 모두 돌려받기에 길게 본다면 경제적 상황에 따라 나쁘지 않은 부동산 거래 방식일 수 있어요. 만약 집주인이 보증금을 줄 수 없는 상황에 대비하는 '임대차 보호법' 등 집을 빌린 사람을 보호하는 법적 제도도 마련되어 있어요.

월세

집이나 상가 등을 빌려주는 거래 방식 중 하나예요. 보통 전세 보증금이 부담되는 사람은 월세를 선택해요. 월세는 거주하고자 하는 집이나 상가의 주인에게 매달 일정한 금액, 즉 대여료를 지불하고 빌리는 제도예요. 월세도 보증금이 필요하지만 전세 보증금에 비하면 상대적으로 금액이 매우 적은 편이라 부담이 적지요.

매달 정해진 금액을 지불하기 때문에 예산을 세우기도 쉬워요. 하지만 매달 지급한 대여료는 보증금과 달리 돌려받지 못한답니다. 우리나라 사람들은 일반적으로 전세를 주로 이용했지만, 최근 들어 월세를 이용하는 사람이 늘고 있어요. 부동산 가격이 상승하면서 전세 보증금이 높아지기도 했고, 금리가 오르면서 전세 대출을 받으면 내야 하는 대출 이자 역시 올라 부담이 커졌기 때문이에요.

공인 중개사

집과 땅처럼 움직여 옮길 수 없는 재산을 부동산이라고 하는데, 부동산은 가격이 매우 비싼 편이에요. 게다가 단순히 돈만 지급한다고 물건을 살 수 있는 것도 아니지요. 그러다 보니 아무리 좋은 물건을 찾았다고 해도 개인과 개인끼리 거래하기가 쉽지 않아요.

이러한 부분을 해결해 주는 사람이 공인 중개사예요. 공인 중개사는 복잡한 부동산 거래를 안전하게 중개해 주지요. 공인 중개사는 부동산 거래가 성사될 수 있도록 중개해 주는 대신 거래 당사자들에게 중개 수수료를 받아요. 중개 수수료는 부동산 거래 가격의 일정 비율로 정해져요. 그리고 계약 과정에서 공인 중개사가 책임을 다하지 못해 문제가 발생하면 공인 중개사도 일정 책임을 질 수 있어요. 공인 중개사가 되려면 시험에 합격하여 자격증을 취득해야 한답니다.

공유 오피스

일반적으로 하나의 사무실은 한 개인이나 한 단체에서 사용해요. 그런데 공유 오피스는 하나의 사무실을 여러 개의 작은 공간으로 나눠 다수의 개인 또는 단체가 함께 사용한답니다.

공유 오피스 소유자는 사무실을 사용하는 사람들로부터 매달 일정 금액을 받아요. 소유자는 그 돈으로 사무실을 관리하지요. 공유 오피스를 사용하는 사람들은 별도의 사무실을 구매하거나 임대하는 것보다 저렴하게 사무실을 사용할 수 있으니 비용을 절약할 수 있어요. 또 업무에 필요한 회의 공간이나 화장실, 휴게실 등 운영자가 제공하는 다양한 서비스를 이용할 수 있지요. 이러한 이유로 최근 많은 기업과 개인 사업자들이 공유 오피스를 활발히 이용하고 있답니다.

젠트리피케이션

젠트리피케이션(Gentrification)이란 낙후된 구도심 지역이 다시 발전하거나 고급화되면서 중산층 이상의 인구가 유입되어 기존에 거주하던 저소득층이 해당 지역에서 내몰리는 현상을 뜻하는 용어예요. 젠트리피케이션은 신사 계급 또는 지주 계급을 뜻하는 젠트리(Gentry)에서 파생된 말이지요.

정부가 낙후된 지역을 활성화하기 위해 재개발을 추진하면 낙후되었던 지역이 발전하면서 사회 시설이 크게 개선될 거예요. 더 쾌적하고 편리한 공간으로 변할 수 있겠지요. 하지만 지역이 발전하고 상권이 활발해지면 임대료가 상승할 수 있어요. 그러면 본래 살던 원주민들이나 상인들이 치솟은 임대료를 감당하기 어려워 떠나거나 쫓겨나는 문제가 생기기도 해요. 우리나라에서는 1990년대 중반부터 서울 홍익대학교 인근에서 젠트리피케이션 현상이 일어났답니다.

신도시

기존 도시에 인구가 너무 많아지면 생활이 불편해지기도 해요. 교실에 학생이 너무 많으면 선생님도, 여러분도 수업에 집중하기 어려운 것과 마찬가지지요. 그럴 때 국가는 새로운 도시를 계획적으로 만들어서 인구를 분산시켜 사람들의 삶을 개선하기 위해 노력해요. 그러한 도시를 신도시라고 불러요.

신도시는 건축물이 많이 없는 지역에 만들어요. 많은 건물을 지어야 하는 만큼 비어 있는 넓은 땅이 있어야 하니까요. 신도시를 계획할 때는 사람들이 교통·주거·문화생활 등을 편리하게 누릴 수 있도록 기반 시설도 마련하지요. 또한 빗물이 땅으로 스며들게 하는 친환경 에너지 시스템을 활용하기도 해요. 이렇게 만들어진 신도시는 지역 경제와 산업을 발전시키고 인구를 분산시키는 역할을 해요. 우리나라의 대표적인 신도시는 분당 신도시, 청라 국제 신도시, 일산 신도시 등이 있어요. 그런데 신도시를 건설하려면 많은 시간과 비용이 필요해요. 그래서 국가와 지방 자치 단체, 그리고 시민들이 잘 협력해야 한답니다.

부동산 세금

부동산과 관련된 다양한 세금이 있어요. 하지만 정책에 따라 법이 바뀌거나 거래하는 상황에 따라 적용되는 세금이 다르기 때문에 다 알기는 어려워요. 그래도 양도 소득세와 취득세는 부동산을 거래할 때 대부분 발생하는 세금이니까 알아 두면 좋아요.

양도 소득세는 부동산을 팔았을 때 얻은 이익에 매기는 세금이에요. 예를 들어 1억 원에 아파트를 샀는데, 몇 년 뒤에 그 아파트를 2억 원에 팔았다면 1억 원의 이익을 얻은 것이지요. 이때 1억 원의 이익에 대해 일정한 비율의 세금을 내는 거예요. 대신 손해를 보고 아파트를 팔았다면 양도 소득세는 발생하지 않아요.

취득세는 부동산을 구매할 때 내는 세금이에요. 말 그대로 어떤 물건을 취득한 것에 대해 매기는 세금이에요. 우리가 산 물건의 값에 부가 가치세가 포함되었듯이 말이에요. 1억 원의 아파트를 구매했다면 이 금액에 대해 일정 비율의 세금을 내는 것이지요. 양도 소득세와 취득세의 비율은 거래 상황에 따라 다른 만큼 부동산을 거래하기 전에 미리 확인해야 해요.

주식

주

주식회사에서 발행하는 주식의 수는 한정되어 있어요. 회사가 주식을 발행하고 싶다고 무작정 발행할 수 없어요. 이때 주식회사가 발행한 주식의 수를 세는 단위를 '주'라고 해요. 예를 들어 A 기업이 1,000개의 주식을 발행했다면 A 기업의 총 주식의 수는 1,000주가 되지요. 참고로 '주'는 한자로 株(그루 주)를 써요. 나무를 세는 단위인 '그루'와 비슷한 의미로 이해하면 돼요.

주식 수에 주식의 가격을 곱한 금액이 바로 그 기업의 시가 총액이에요. 하지만 주가 많거나 주식의 가격이 높다고 해서 그것만으로 좋은 기업이라고 말하기는 어려워요. 좋은 기업을 평가할 때는 기업의 실적과 시장 상황 등 여러 가지 요소를 종합적으로 봐야 해요.

배당금

배당금이란 주식을 가진 사람에게 주는 회사의 이익금이에요. 다만 보통은 여러 사람이 회사의 주식을 가지고 있기 때문에 이익금을 나누어 가져요. '배당'이란 회사가 한 해 동안 장사하여 남긴 이익이에요. 주식회사는 이익을 얻으면 인건비, 세금 등 다양한 곳에 돈을 써야 해요. 그리고 남은 돈은 회사의 주식을 가지고 있는 주주들에게 1년에 한 번 나누어 줘요. 보통 배당의 방법에는 주식 배당, 현금 배당, 재산 배당, 청산 배당 등 여러 방식이 있어요. 보통은 현금 배당과 주식 배당으로 지급이 되지요. 현금 배당은 주주에게 배당금을 현금으로 지급하는 방법이에요. 하지만 현금 배당을 받으면 소득세를 내야 한답니다. 주식 배당은 배당금을 액면가에 따라 주식으로 환산해서 지급하는 방식이에요. 현금 배당과 달리 소득세를 내지 않아도 되지만 일부 주주들이 배당받은 주식을 팔게 되면 해당 주식의 가치가 하락할 수도 있어요.

주식의 가격

주식 시장에서 주식의 가격은 매일 변해요. 그래서 생물 같다고 표현하죠. 그런데 특정 시간대 혹은 특정 상황에 따라 주가의 가격을 다르게 부르는 용어들이 있어요. 시가, 종가, 고가, 저가 등이지요. 시가는 주식 시장이 열리는 첫 거래 시점에 형성된 가격이고, 종가는 주식 시장이 마감되는 시점에 형성된 가격이에요. 우리나라 주식 시장은 평일 아침 9시에 시작해서 오후 3시 30분에 거래를 종료해요. 특별한 경우가 아니라면 시가는 아침 9시에, 종가는 오후 3시 30분에 형성된 가격을 뜻한답니다.

시가와 종가가 특정 시간대에 적용된 단어라면 고가와 저가는 특별한 상황을 나타내는 말이에요. 주식 거래 시간 동안 가장 높게 거래된 가격을 최고가, 가장 낮게 거래된 가격을 최저가라고 해요. 예를 들어 오전 9시에 1만 원이었던 A 주식이 오전에 8,000원까지 하락한 뒤, 오후에 1만 2,000원까지 상승했다가 오후 3시 30분에 1만 1,000원에 마감되었어요. 그렇다면 A 주식의 시가는 1만 원, 종가는 1만 1,000원, 저가는 8,000원, 고가는 1만 2,000원이에요.

코스피

사람들이 주식을 거래하기 위해서는 기업들이 한국 거래소에 회사를 등록해야 해요. 이때 기업의 주식은 대부분 코스피와 코스닥 중 하나로 분류돼요. 코스피(KOSPI)는 한국 거래소 상장 기업들의 주식 가격 변동을 파악하는 중요한 지표이자 주식 시장 중에서도 가장 큰 시장이에요. 코스피에 등록되는 절차는 꽤 까다로운 편이에요. 일정 기간 이상 기업이 안정적으로 운영되어야 하며, 빚을 제외한 자산과 매출도 커야 해요. 그러다 보니 코스피에 등록된 기업은 대기업이나 성장성이 뛰어나고 안정적인 중견 기업이 많아요. 코스피에 등록된 대표적인 기업으로 '삼성전자', 'SK하이닉스', '현대자동차', 'LG화학' 등이 있어요.

코스피는 대기업들이 포함된 만큼 우리나라 주식 시장의 현재를 파악하고 미래 경제를 예측하는 주요 지표로 활용돼요. 실제로 전문가들은 경제 상황을 파악할 때 코스피 지수를 중요하게 생각한답니다. 코스피 지수란 코스피에 등록된 기업 중 시가 총액이 큰 200여 개 기업의 주가를 종합하여 나타낸 것이에요.

코스닥

코스닥(KOSDAQ)은 코스피와 더불어 우리나라 주식 시장을 대표해요. 코스닥은 미국의 나스닥 시장을 모델로 1996년에 만들어졌어요. 코스닥에는 유망 중소기업이나 벤처 기업 등 신생 기업이 등록하는 경우가 많아요. 그래서 기업의 현재보다 미래의 성장성을 중요하게 생각해요. 이러한 기업들이 코스닥을 통해 장기적이고 안정적으로 자금을 조달받도록 하는 것이지요.

코스닥에 등록되기가 쉽지는 않지만, 코스피보다는 등록 절차가 덜 까다로운 편이에요. 코스피에 비해 매출이나 규모가 적은 기업이 많아서 코스닥에 등록된 기업 수가 많더라도 코스피에 비교하면 상대적으로 시장 규모가 크지 않아요. 2023년 1월 기준으로 코스피와 코스닥에 등록된 기업은 코스피 826개, 코스닥 1,611개예요. 그런데 등록된 시가 총액 규모는 코스피가 1,814조 원, 코스닥이 320조 원이랍니다.

나스닥

미국에는 다양한 증권 거래소가 있는데 그중 가장 대표적인 게 나스닥(NASDAQ)이에요. 1971년부터 시작된 나스닥에는 현재 3,000개 이상의 기업이 등록되어 있어요. 특히 IT 기업이 많아요. 대표적으로 '애플', '마이크로소프트', '구글', '인텔' 등이 해당돼요. 나스닥에는 대기업도 있지만, 다양한 기술과 제품을 개발하고 미래 성장 가능성이 크다고 평가된 기업이 많아요. 이러한 부분이 우리나라 코스닥 시장의 롤 모델이 된 것이지요.

나스닥은 전 세계적으로 우수한 기업이 많이 등록되어 있다 보니 미국뿐 아니라 많은 나라가 주목해요. 코스피 지수가 우리나라의 현재와 미래의 경제 상황을 판단하고 예측하는 기준이라면, 나스닥 지수는 미국뿐 아니라 전 세계의 경제 상황을 판단하고 예측하는 기준이 돼요. 나스닥 지수란 나스닥에 등록된 주요 기업의 주가를 종합하여 나타낸 것을 말해요.

가상 화폐

가상 화폐

일반적으로 물건을 사고팔 때 지폐나 동전을 이용하지요. 그런데 온라인 공간에서 쇼핑하는 일이 많아지면서 화폐의 개념이 달라졌어요. 온라인에서 지폐나 동전 대신 사용할 수 있는 디지털 화폐를 보통 '가상 화폐'라고 해요. 가상 화폐에는 게임 머니, 각종 포인트, 캐시, 암호 화폐 등이 있어요. 암호 화폐란 블록체인이라는 기술로 만든 디지털 화폐예요. 블록체인이란 여러 사람이 같이 보는 거래 장부로서 블록(Block)이라는 작은 단위로 구성되어 있어요. 대표적인 암호 화폐로 '비트코인', '이더리움', '리플' 등이 있지요. 일상에 온라인이 차지하는 비중이 커질수록 가상 화폐의 영향력도 커지고 있어요. 그러나 가상 화폐는 아직까지는 해킹의 위험이 크고 법적 제도 등이 부족해 익명성과 연관한 범죄가 발생할 수 있어요. 이러한 문제점을 개선한다면 가까운 미래에 지폐와 동전 같은 실물 화폐가 사라질지도 몰라요.

핀테크

핀테크는 금융(Finance)과 기술(Technology)을 합친 말로 기존의 금융 서비스와 IT 기술을 결합해 새로운 금융 서비스를 만드는 기술을 의미해요. 오래전부터 금융 서비스에 IT 기술이 사용되었지만 본격적으로 핀테크가 등장하면서 금융 분야에 엄청난 변화를 불러왔지요.
대표적인 변화는 결제 방식이에요. 몇 년 전만 해도 지폐나 카드가 없으면 상품을 구매하기가 어려웠어요. 은행에 직접 가지 않으면 다른 사람에게 돈을 보내기도 쉽지 않았지요. 온라인에서 제품을 구매하려면 결제 절차도 꽤 복잡했어요. 하지만 핀테크가 발전하면서 스마트폰만 있으면 그 자리에서 바로 다른 사람에게 돈을 보낼 수 있고, 결제 애플리케이션으로 언제 어디서나 쉽게 결제할 수 있게 되었지요. 이런 결제 방식은 수수료가 저렴하면서도 절차가 복잡하지 않아요. 보안에 위험이 존재하지만, 이러한 점을 개선해 나간다면 더 좋은 기술로 발전할 수 있어요.

한국 거래소

한국 거래소(KRX)는 우리나라의 대표 금융 거래 기관이에요. 주식 및 기타 금융 거래의 안정성과 효율성을 위해 '증권 거래소', '선물 거래소', '코스닥 위원회', '코스닥 증권 시장' 등 4개 기관이 통합되어 2005년에 설립되었어요.

한국 거래소는 다양한 역할을 하는데 대표적으로 코스피와 코스닥 시장을 개설하고 운영해요. 코스피와 코스닥에 좋은 기업이 등록될 수 있도록 꼼꼼하게 검사하지요. 사람들이 안전하게 기업의 주식을 거래할 수 있도록 거래 시스템을 만들고 시스템을 꾸준히 개선해요. 주식 거래와 관련된 정보를 수집하고 분석해 사람들에게 정보를 제공하기도 해요. 이 밖에도 다른 나라 거래소와 관계를 맺기도 하며, 코스피, 코스닥 외의 증권 시장과 관련된 다양한 일을 해요. 우리나라의 자본 시장을 종합적으로 관리하는 회사인 셈이지요.

연방 준비 제도

연방 준비 제도(FRS, Federal Reserve System)는 미국의 중앙은행 시스템을 의미해요. 1913년 설립되었으며 줄여서 '연준' 혹은 'Fed'로 불리지요. 연방 준비 제도의 주요 기관으로는 미국의 중앙은행 역할을 하는 '연방 준비 제도 이사회(FRB, Federal Reserve Board)', 미국의 금융 정책을 결정하는 최고 의사 결정 기관인 '연방 공개 시장 위원회(FOMC, Federal Open Market Committee)', 그리고 미국 내 12개의 지역 연방 준비 은행이 있어요.

연방 준비 은행의 가장 중요한 역할은 달러 지폐를 발행하는 것이에요. 금리를 조절하고 은행과 금융 기관을 감독하기도 해요. 경제 안정을 위해 다양한 역할을 하고 있지요. 예를 들어 경제가 불안정할 때는 금리를 낮추어 기업들이 더 많은 투자를 하게 하고, 인플레이션이 심해지면 금리를 올려 경제를 안정시키는 등의 조치를 취해요. 미국의 중앙은행 역할을 하는 만큼 미국 경제뿐 아니라 전 세계의 경제에 큰 영향을 끼친답니다.

세계 3대 신용 평가 회사

사람들은 돈이 필요하면 은행에서 돈을 빌리려 해요. 은행은 그 사람의 신용 점수에 따라 대출 금액을 정하지요. 국가도 마찬가지예요. 돈이 필요하면 다른 국가에 돈을 빌리기도 해요. 이때 국가의 신용 등급을 평가하는 곳이 신용 평가 회사인데, 수많은 곳 중에 세계 3대 신용 평가 회사로 불리는 곳이 '무디스(Moody's)', '스탠더드 앤드 푸어스(S&P)', '피치 앤드(Pitch and)'예요. 이들은 국가의 경제 발전 가능성, 정치 상황, 안보 상황 등을 종합적으로 평가하여 국가별로 빚을 갚을 수 있는 능력을 측정하여 지표로 나타내요. 이들이 발행한 등급은 전 세계 금융 시장에서 신뢰성이 아주 높아요. 등급이 높으면 돈을 잘 빌릴 수 있으며, 외국인 투자도 늘어나 국가 경쟁력이 높아져요. 등급이 낮으면 돈을 갚을 능력이 의심된다는 것으로 판단하여 돈을 빌리기 어려워요. 1997년 우리나라가 외환 위기를 겪던 시기에는 국가 신용 등급이 많이 떨어졌지만 이후 경제를 회복하면서 지금은 신용 등급이 높게 나오고 있어요.

금융 감독원

금융 감독원은 우리나라의 금융 시장을 안전하고 건전하게 운영하기 위해 설립한 정부 기관이에요. 줄여서 '금감원'이라고 부르기도 해요. 각종 기관의 금융 업무를 감독하기 위해 은행 감독원, 증권 감독원, 보험 감독원, 신용 관리 기금 등 4개 기관을 통합하여 1999년에 설립했어요. 금융 감독원이 검사하는 기관은 은행, 보험 회사, 저축 은행, 협동조합, 증권사 등이에요. 각 기관의 재무제표는 문제가 없는지, 업무는 제대로 하고 있는지, 금융 위기에 대한 대비는 잘되어 있는지, 고객에게 제공하는 대출과 보험 상품은 잘 준비되어 있는지 등을 확인해요. 금융과 관련된 다양한 제도와 규제를 마련하고, 금융 관련 정보를 수집하고 분석하여 시장 흐름을 파악하기도 해요. 금융 감독원은 이런 일들을 하여 금융 소비자를 보호하고 국민 경제 발전에 도움을 줘요.

인터넷 전문 은행

과거에는 저축과 대출 등 은행 업무를 보기 위해서는 직접 점포에 들러야 했어요. 사람이 많은 날이면 업무를 보기 위해 오래 기다려야 하고, 일이 생겨 영업 시간보다 늦게 점포에 도착하면 업무를 못 보기도 해요. 인터넷 전문 은행은 이러한 불편을 해소하는 역할을 한답니다.

인터넷 전문 은행은 오프라인 점포가 없거나 매우 적은 영업점을 가지고 온라인으로 사업을 벌이는 은행이에요. 우리나라에는 대표적으로 '카카오뱅크', '토스뱅크', '케이뱅크' 등이 있어요. 이런 은행들은 계좌 개설, 예금, 대출 등 기존 은행의 모든 금융 서비스를 소비자가 직접 점포에 방문하지 않고 애플리케이션이나 인터넷으로 이용할 수 있도록 만들었어요. 여러분이 원하는 시간에 어디서든 은행 업무를 볼 수 있지요. 그러나 인터넷만을 통해 업무가 이루어지는 만큼 해킹이나 보안 등의 문제가 있을 수 있어요. 또 디지털에 익숙하지 않은 사람은 이용하기가 불편하지요. 이러한 점들을 개선하면 더 많은 사람이 인터넷 전문 은행을 편하게 이용할 수 있을 거예요.

제3 금융권

일반적으로 우리나라 금융권은 제1, 2, 3 금융권으로 나눌 수 있어요. 제1 금융권은 일반 은행, 인터넷 전문 은행 등으로 은행법이 적용돼요. 제2 금융권은 보험 회사, 증권사, 저축 은행 등으로 은행법을 적용받지 않아요. 제3 금융권은 사채, 대부업체 등으로 제도 밖의 금융권을 말해요. 예전에는 불법이었던 제3 금융권은 2002년부터 합법이 되었어요. 제3 금융권은 제1, 2 금융권보다 대출을 받는 조건이 덜 까다로워요. 신용 점수가 낮아도 일정 금액을 대출할 수 있어요. 점포에 직접 방문하지 않고 모바일 애플리케이션으로도 간편히 대출을 진행할 수 있지요. 하지만 대출 금리가 많이 높아요. 법정 최고 금리인 연 20퍼센트 이내에서 대출 금리가 적용돼요. 일반적으로 제1 금융권의 대출 금리가 5퍼센트인 것과 비교하면 상당히 높지요? 제3 금융권을 이용하면 돈을 빌리기는 쉬워도 나중에는 큰 부담이 될 수 있다는 것을 잘 생각해야 해요.

초판 1쇄 발행 2023년 6월 29일
초판 8쇄 발행 2025년 12월 30일

글 옥효진 그림 나인완 기획 북케어
펴낸이 김선식

부사장 김은영
어린이사업부총괄이사 이유남
책임편집 최유진 디자인 양X호랭 DESIGN 책임마케터 신지수 교정교열 홍효은
어린이콘텐츠사업4팀장 강지하 어린이콘텐츠사업4팀 남정임 최방울 최유진 박슬기
어린이마케팅본부장 최민용 어린이마케팅2팀 최다은 신지수 심가윤 기획마케팅팀 류승은 박상준
저작권팀 성민경 이슬 윤제희 편집관리팀 조세현 김호주 백설희
재무관리팀 하미선 임혜정 이슬기 김주영 오지수
인사총무팀 강미숙 김재경 김혜진 김주림 황종원
제작관리팀 이소현 김소영 김진경 유미애 이지우
물류관리팀 김형기 김선진 주정훈 양문현 채원석 박재연 이준희 최대식

펴낸곳 다산북스
출판등록 2005년 12월 23일 제313-2005-00277호
주소 경기도 파주시 회동길 490 전화 02-704-1724 팩스 02-703-2219
다산어린이 공식 카페 cafe.naver.com/dasankids 다산어린이 공식 블로그 blog.naver.com/stdasan
용지 스마일몬스터 인쇄 한영문화사 코팅 및 후가공 평창피앤지 제본 대원바인더리

ISBN 979-11-306-4351-9 73320

• 책값은 뒤표지에 있습니다.
• 파본은 본사와 구입하신 서점에서 교환해 드립니다.
• 이 책은 저작권법에 의하여 보호를 받는 저작물이므로 무단 전재와 복제를 금합니다.
• KC마크는 이 제품이 공통안전기준에 적합하였음을 의미합니다.